ÜBER DEN AUTOR
Sven Rohde, geboren 1961,
lebt als freier Autor, Coach
und Musiker in Hamburg.
Er hat verschiedene Bücher
geschrieben, dies ist seine erste
Biographie. Ruth Rupp lernte
er anlässlich einer Reportage
für das Magazin *stern* kennen
und fragte sie nur wenige Tage
später, ob sie ihm ihr Leben
erzählen würde. Sie willigte
sofort ein.

DER TRAUM VOM LEBEN IN DIR

IMPRESSUM
© Sven Rohde, Hamburg 2018
www.svenrohde.com
Alle Rechte beim Autor
Gestaltung und Satz:
Julika Droste
Umschlagbild:
Manfred W. Jürgens
Bildnachweis:
S. 181: Katharina John
S. 197, 210 und Umschlagfoto:
Manfred W. Jürgens
Alle anderen Fotos stammen aus dem
Archiv von Ruth Rupp. Ihre Urheber
waren leider nicht zu identifizieren.
Wer dadurch seine Rechte verletzt sieht,
melde sich bitte beim Autor.
Herstellung und Verlag:
BoD – Books on Demand, Norderstedt
ISBN: 9783746080833

Die Biographie von Ruth Rupp

DER TRAUM
VOM LEBEN
IN DIR

Mit einem Vorwort von ULRICH TUKUR

Sven Rohde

VORWORT VON ULRICH TUKUR   11

I   **HÄSCHEN IN DER GRUBE**   15
Geborgene Kindheit in Pommern und am Rhein

II   **GEBRÜLL UNTERM HAKENKREUZ**   27
... und ein Mädchen, dem Engelein-Musik lieber ist

III   **STILLE REBELLION UND HEULENDES ELEND**   43
Frühe Erfahrungen mit der Macht

IV   **EIN ROTER PULLI AUF DEM KASERNENHOF**   55
Mit Chuzpe und Glück den Krieg überleben

V   **HELLO, BLONDIE**   71
Erste Liebe inmitten von Trümmern

VI   **DAS ERWACHEN IN DER MUSIK**   83
Hunger der Nachkriegsjahre und Beethovens Macht

VII   **ZWEI VÖGELCHEN DAS NEST BEREITEN**   99
Als Kinderfrau Wärme und Sicherheit geben

VIII **REICHE HANSEATEN, ARME WAISENKINDER** 117
Ohne Scheu zu neuen Aufgaben

IX **RASANTE TÄNZE, FREUNDLICHE WORTE** 131
Wie man gut gelaunt Karriere macht

X **DIE LIEBE FÜR EIN GANZES LEBEN** 145
Zwölf wundervolle Jahre und ihr tragisches Ende

XI **DIE HELDENHAFTE TOCHTER** 161
Pflege der Mutter und Aufbruch in die Welt

XII **SPÄTE TRIUMPHE AUF DER REEPERBAHN** 179
Endlich auf der Bühne. Mit 77 Jahren.
Und Ulrich Tukur

XIII **DER HIMMEL KANN WARTEN** 195
Ein Lebensmotto und ein wunderbarer Chor

WIE EIN LEBEN GELINGT. EPILOG 211

DANKSAGUNG 221

„Man kann gar nicht umhin,
mit ihr Freundschaft zu schließen"–
Ruth Rupp mit Ulrich Tukur

VORWORT

von Ulrich Tukur

Wann genau ich Ruth kennenlernte, kann ich gar nicht mehr sagen. Es muss so um 1934 gewesen sein, jedenfalls zu einer Zeit, als ich noch Theater spielte und mich auf irgendeiner Hamburger Bühne verausgabte, vermutlich der der altehrwürdigen Kammerspiele. Ruth war damals eine begeisterte Theatergängerin und passionierte Après-Theater-Kneipenbummlerin. Und so konnte man gar nicht umhin, mit ihr Bekanntschaft und endlich Freundschaft zu schließen.

Ich war einigermaßen verblüfft, einen Menschen kennenzulernen, im gleichen Jahr wie mein Vater geboren, der den Irrsinn des Zweiten Weltkriegs, die Apokalypse des Zusammenbruchs und die dunklen Hungerjahre danach erlebt und durchlebt hatte, so wach und detailreich davon erzählen konnte und dabei so jung und neugierig geblieben war.

Als wir im Jahre 2004 die völlig unbekannte und fast noch nie gespielte „Dreigroschenoper" auf den Spielplan des St. Pauli Theaters hievten (das einzige Theater, das schon stand, als es Ruth noch nicht gab), schlug ich vor, einige Szenen des schrägen Stücks mit Personen zu besetzen, die aus dem wirklichen Leben kamen und denen man sofort ansähe, dass sie Originale waren. Da sagte mir die junge Frau, die ich im Jahr zuvor in Italien geheiratet hatte, wie aus der Pistole geschossen: „Nimm die Ruth, die muss nichts spielen, die ist vom Leben ausgebildet, die kann singen, hat Humor, sieht umwerfend aus und wird bestimmt mitmachen". Ruth war damals 77, und ich dachte, wenn sie Brechts „Und die einen sind im Dunkeln und die andern sind im Licht..." singt, eine alternde Ballerina, ins Licht eines einsamen Bühnenscheinwerfers getaucht, wird das nicht nur sehr bewegend sein, es wird die Zuschauer dort unten im Dunkeln von ihren Sitzen reißen.

So geschah es, und Ruth Rupp begann eine beeindruckende Alterskarriere als Schauspielerin, die vierzehn Jahre später, mit 91 Jahren, immer noch anhält.

Dass all das, was sonst unerhört verklingt und verloren geht, nun in eine Form gebracht und erhalten wird, ist ein großes Glück. So erfährt der Leser in den hier vorliegenden Lebenserinnerungen, dass Humor, Herzensbildung und Bescheidenheit die wesentlichen Voraussetzungen sind für ein glückliches, gelungenes, erfülltes Leben.

HÄSCHEN IN DER GRUBE

*Geborgene Kindheit
in Pommern und am Rhein*

Ein kleines Mädchen fährt mit dem Roller über die Rheinpromenade in Emmerich. Eine zierliche Figur hat es und strohblonde Haare, die zu einem Pagenkopf geschnitten sind. Vergnügt gibt es dem Roller Schwung, der auf dem Asphalt so gut vorankommt. Links an den Anlegestellen liegen die Binnenschiffe, die im letzten deutschen Hafen vor der holländischen Grenze auf ihre Abfertigung warten, rechts die Kneipen, in denen die Schiffer ihre Wartezeit verbringen. Manchmal tönt lauter Gesang heraus, und das Mädchen spitzt seine Ohren. Dann erklingt ein bekanntes Lied, eine vertraute Stimme: *„Ich bin ein Preuße, kennt ihr meine Farben? Die Fahne schwebt mir weiß und schwarz voran."* Das kleine Gesicht leuchtet auf. „Papa", sagt das Mädchen, lächelt und fährt weiter. Jetzt weiß es, wo er ist, und kann es der Mutter sagen, die sie auf Erkundung geschickt hatte: „Ruthchen, geh doch mal deinen Vater suchen". Es ist ja ganz gut zu wissen, wo der Ehemann mal wieder abgeblieben ist.

Friedrich Rupp ist Zollbeamter. Er liebt es, wenn die Kapitäne der Binnenschiffe ihn nach den Formalitäten der Zollabfertigung einladen, gemeinsam einen zu heben. Und das

Was für ein hinreißender
Wonneproppen: Ruthchen im Alter
von einem Jahr

Preußenlied ist sein Trinklied. Hedwig Rupp, seine Frau, ist die geduldigste, die er sich wünschen kann. Nie stellt sie ihren Mann zur Rede, wenn er mal wieder mit unsicheren Schritten in die Wohnung am Rheinufer heimkehrt. Auch wenn er drei Tage nicht zu Hause erscheint oder von anderen an die Wohnungstür getragen werden muss – er hört kein tadelndes Wort, muss erst recht keine Szene über sich ergehen lassen. Und die kleine Ruth, Ruthchen, lernt früh, wie entspannt das Leben sein kann, wenn man die Menschen mit all ihren Stärken und Schwächen einfach akzeptiert. Zumal die Männer.

Ruth ist das einzige Kind von Hedwig und Friedrich Rupp, geboren am 13. April 1926 in Belgard, einer Stadt zwischen Stettin und Stolp nahe der Ostsee. Hedwig Rupp ist eine ehemalige Diakonissenschwester und 27, als die Tochter zur Welt kommt, Friedrich Rupp zwei Jahre älter und Soldat. Er hat sich für zwölf Jahre bei der Kavallerie verpflichtet. Ruthchen nimmt er morgens mit in die Ställe, wo sie mit ihren Lippen immer so schnaubt, dass ein Lätzchen ihr Kleid vorm Vollsabbern schützen muss. Die Bilder von damals sind ihr auch fast 90 Jahre später noch präsent, genauso wie das Gefühl zwischen den Zähnen, wenn sie in eine sandige Mohrrübe beißt. Die Mutter hat sie im eigenen Garten geerntet und gründlich unter der Pumpe gesäubert, aber die Tochter zieht sie, wenn sie unbeobachtet ist, einmal durch den Sand: Sie mag das Knirschen zwischen den Zähnen so gerne.

Als Friedrich Rupps Zeit bei der Reichswehr abläuft, hat er zwei Möglichkeiten: in den Staatsdienst gehen oder sich vom Staat auszahlen lassen und sich mit dem Kapital selbstständig machen. Ihm schwebt vor, eine Gastwirtschaft zu eröffnen. Aber seine Frau ist nicht nur geduldig, sondern auch klug. „Ohne mich", sagt sie kurzerhand. Und so wird Friedrich Rupp

Beamter, zunächst bei der Feuerwehr, was ihm aber zu aufreibend ist, und zwei Jahre später beim Zoll.

Friedrich Rupp ist 1,63 Meter groß, aber kräftig. Er liebt es, seine Frau mit der einen, seine Tochter mit der anderen Hand hochzuheben und als starker Mann zu posieren. Er hat eine schöne Stimme, singt gerne und kann ausgezeichnet tanzen. Auf Bällen ist er in seinem Element. Anstandshalber absolviert er den ersten Tanz mit seiner Frau und hält dann alle anderen Frauen in Bewegung. Damals sind zwischen den Tänzen Spiele üblich. Eines davon geht so: Es fängt an zu regnen, und die Herren müssen die Damen vor dem Regen schützen. Zuerst legen sie der Dame ein Taschentuch auf den Kopf, dann ziehen sie ihr Jackett aus und legen es der Dame um die Schultern. Ganz zum Schluss steht das Wasser schon so hoch, dass sie ihre Hosenbeine hochkrempeln, die Dame hochheben und auf den Armen durch das Wasser tragen müssen. Bei einem Ball hat Friedrich Rupp eine sehr üppige Dame im Arm und muss die nun hochheben. Hedwig Rupp, mit ihren 1,44 Meter klein und zierlich, kann sich einen Kommentar nicht verkneifen: „Das hast du nun davon, dass du immer mit allen anderen Frauen tanzt."

Sie hält ihn an der langen Leine und weiß, dass er, ein Mann voller Kraft und Energie, nicht im möblierten Zimmer sitzt und erbauliche Bücher liest, wenn er manchmal für Monate in einer anderen Dienststelle eingesetzt ist. Ruth Rupp erinnert sich an einen besonderen Besuch: „Da stand eine Dame vor der Tür. Es stellte sich heraus, dass mein Vater mit ihr eine Affäre gehabt hatte, ohne davon zu erzählen, dass er eine Familie hat. Das wollte die Dame nun ergründen. Sie hatte meiner Mutter sogar ein Geschenk mitgebracht, eine sogenannte Filetdecke, die zu jener Zeit sehr modern war. Die lag dann jahrelang bei uns auf dem Wohnzimmertisch. Meine Mutter ist einfach zur Tages-

Der skeptische Blick täuscht:
Dieses vierjährige Mädchen ist höchst
unternehmungslustig

ordnung übergegangen. Sie war eine sehr lebenskluge, eine tolle Frau, und mein Vater wusste, was er an ihr hatte. Deswegen hat die Ehe gut funktioniert."

Hedwig Rupp ist schlagfertig. Als ihr Mann eines Nachts sturztrunken von Freunden die Treppe hochgetragen werden muss, was nicht ohne Lärm abgeht, wird sie am nächsten Morgen von der Nachbarin angesprochen. Maliziös fragt die, was das denn für ein grauenhaftes Gepolter gewesen sei. Ob der Gatte ...? Weiter kommt die Nachbarin nicht. „Stellen Sie sich vor", gibt Hedwig Rupp ohne Zögern zurück, „wir haben vergangene Nacht doch tatsächlich ein Klavier bekommen."

Als Vater ist Friedrich Rupp streng und unnahbar. Umarmungen, Zärtlichkeit oder gar Küsse gibt es nicht. Manchmal sagt seine Frau zu ihm: „Ach, umarm uns doch mal", aber das tut er nicht. Später als Heranwachsende bekommt die Tochter kräftig Schläge. Das gilt als normal und angemessen. „Ich erinnere mich aber an eine Situation mit sechs oder sieben, als ich im Bett lag und noch zu schlafen schien", erzählt sie heute. „Da hat mein Vater mir ganz sanft einen Kuss auf die Stirn gegeben, weil er dachte, ich schlafe noch. Ich sollte das aber nicht wissen."

Die Mutter dagegen ist ausgesprochen liebevoll, aufgeschlossen und interessiert. Sie liest viel, auch Zeitungen, und ist Mitglied in der Buchgemeinschaft. Zum Einschlafen singt sie und betet, als Diakonissenschwester sehr christlich erzogen. Sie kann sehr schön vorlesen, ein Talent, das sie der Tochter vererbt. Märchen sind Ruthchens Liebstes, vor allem die „Gänsemagd". Wenn sie ihr beim Abendessen vorgelesen wird, auf dass sie besser esse, kullern dicke Tränen in die Milchsuppe.

Ruthchen ist ein lebhaftes Kind, wissensdurstig, unternehmungslustig, fröhlich, heiter. Und vollkommen ohne Angst. Die Bindung zur Mutter ist eng und unverbrüchlich, sie gibt ihr

Hedwig und Friedrich Rupp –
er noch Soldat bei der Reichswehr – mit
ihrer kleinen Tochter

ein Urvertrauen ins Dasein und in die eigene Unverletzlichkeit. Was sie ihr Leben lang begleiten wird: Sie ist die Kleinste. Aber auch das macht ihr die Mutter vor – wie man fehlende Zentimeter an Körpergröße mit Witz und Schlagfertigkeit, vor allem aber mit innerer Größe vergessen macht. Das Mädchen spürt es instinktiv: Wer klein ist und leicht übersehen wird, muss eben anders auf sich aufmerksam machen. So ist sie oft auch die Lustigste. Und singt bei jeder sich bietenden Gelegenheit mit klarer und schöner Stimme. Das Vortragen von der Mutter, das Singen vom Vater: Für die Bühne ist sie gut ausgestattet. Und das zeigt sich früh.

1929 zieht die Familie von Pommern ins Rheinland. Der Vater tritt in Duisburg seine erste Stelle als Beamter an. Ruthchen ist drei Jahre alt – und am Tag des Einzugs in die Duisburger Wohnung auf einmal im Umzugstrubel verschwunden! „Ruthchen ist weg", heißt es voller Schrecken, die Aufregung ist groß, wo ist nur das Kind? Die Eltern finden sie schließlich in einem Nachbarsgarten, inmitten einer großen Kinderschar. Dort steht sie ganz alleine und singt den anderen vor: „Häschen in der Grube". Im Alter von drei Jahren ihr erster Auftritt.

Bei den Rheinländern mit ihrem offenen Wesen gefällt es dem kleinen Mädchen sehr. Die Nachbarn im Erdgeschoss des neuen Hauses haben ein Radio, und weil sie fröhliche, gastfreundliche Leute sind, darf sie bei ihnen mit Kopfhörern Radio hören. Am liebsten sanfte, zarte Klänge: „Engelein-Musik".

Der technische Fortschritt macht große Sprünge. Ein spektakuläres Ereignis, das die Menschen auf die Straßen treibt und auf das kleine Mädchen einen gewaltigen Eindruck macht, ist der Flug eines Zeppelins. Eine große Belastung in Duisburg sind allerdings die Industrieabgase. Immer wieder liegt eine fingerdicke Schicht von rostrotem Staub auf dem Fensterbrett.

Darunter leidet Ruths Gesundheit. Ohnehin sehr klein, wird sie immer blasser und dünner. Der Vater, trotz aller Kraftgebärden ein ängstlicher Mensch, ist voller Sorge und ruft immer wieder: „Aus dem Kind wird ja gar nichts." Also wird sie zu Oma Auguste aufs Land geschickt. Die wohnt in Alt Schlawe in Pommern, ist eine liebe Omi und dazu gelernte Schneiderin, die schöne Kleidchen näht.

Schon die Fahrt dorthin, später in vielen Sommern wiederholt, ist ein Genuss. Wenn es vom Stettiner Bahnhof in Berlin mit dem Zug nach Pommern geht, steckt Ruthchen den Kopf aus dem Fenster, saugt die Luft ein und sagt: „Oh Mutti, das riecht schon nach Oma." Es ist die wunderbar frische Luft einer Region, in der es keine Industrie gibt, nur Güter mit riesigen Kornfeldern und Landwirtschaft, Kiefernwälder und die Ostsee mit den Kreidefelsen. Ein einzigartiger Geruch, der Ruth Rupp heute noch in der Nase steht. Ein seliges Lächeln liegt auf ihrem Gesicht, wenn sie davon erzählt: „Dort war für mich das Paradies auf Erden. Als Erstes habe ich Schuhe und Strümpfe ausgezogen. Von da an ging ich nur noch barfuß oder in den hübschen Pantoffeln, die es im Kolonialwarenladen des Dorfes zu kaufen gab. Bei Regen oder gar Gewitter lief das Wasser die Dorfstraße herunter, und wir sind voller Freude im Matsch herumgepatscht. Abends gab es dann eine strenge Regel: Füße waschen in der Waschschüssel. Zähneputzen war völlig unwichtig, aber mit ungewaschenen Füßen durfte man nicht ins Bett."

Es ist herrlich auf dem Land. Besonders gerne erinnert sie sich an die Ernte, wenn Heu gemacht wurde und in gewaltigen Stapeln auf dem Wagen lag. „Dann lagen wir Kinder oben auf dem Heu, fuhren durch eine Straße, die mit Kirschbäumen gesäumt war. Und wenn diese Kirschen reif waren, dann mussten wir nur den Mund aufmachen, und die wunderbar süßen Früchte fielen uns praktisch hinein. Das war so schön, eine selige Erinnerung an sinnliche Freuden: das sanfte Schaukeln, die Sonne, die Kirschen."

1931 zieht die Familie von Duisburg nach Emmerich am Niederrhein, weil Friedrich Rupp seine erste Stelle beim Zoll antritt. Sie wohnen sehr schön dort. Vor dem Haus fließt der Rhein, dahinter liegen große Parkanlagen. Obwohl es kaum Autos gibt, ist die Straße am Fluss asphaltiert – ideal zum Rollerfahren. Auch die Anlegestellen der Rheinschiffe eignen sich wunderbar, um mit richtig viel Schwung herunterzurasen und kurz vor dem Wasser zu bremsen. Der Vater kann es kaum aushalten. „Das Kind fährt in den Rhein!", ruft er. Nie passiert etwas, aber die Angst ist immer da. Äußerlich ist er der starke Mann, innerlich von Sorge und Unsicherheit gepeinigt. Heute erscheint es Ruth Rupp geradezu zwangsläufig, dass er später tödlich verunglücken sollte. Vielleicht habe er das immer gespürt.

Und es gibt Vorboten heraufziehenden Unheils. Auf immer eingebrannt ist ihr die Erinnerung an eine Straßenschlacht in Duisburg zur Zeit der späten Weimarer Republik. „Wir gingen eines Tages die Straße entlang, als offene Lastwagen mit Männern der SA hupend heranrasten, anhielten und die Männer laut grölend und pöbelnd begannen, auf andere Männer einzuschlagen. Das waren offenbar Kommunisten. Eine wilde Schlägerei begann. Meine Mutter zog mich schnell in einen Hauseingang, damit uns nichts passierte. Das war sehr bedrohlich, ein großes Erschrecken, aber dann war es auch wieder vorbei."

Die Machtergreifung der Nationalsozialisten steht kurz bevor.

Das Paradies auf dem Dorf:
Ruth bei der Oma im
pommerschen Altschlawe

GEBRÜLL UNTERM HAKENKREUZ

... und ein Mädchen, dem Engelein-Musik lieber ist

Wer klein ist, hält sich besser aufrecht. Am besten reckt er auch noch den Kopf. Dann verschenkt er keinen Zentimeter Wirkung. Und wird so in Zeiten Schwarzer Pädagogik, die keine Scheu vor rabiaten Erziehungsmethoden kennt, sogar zum Vorzeigeobjekt: „Guck mal, wie gerade die kleine Ruth geht, nicht so krumm wie du." Das hören die Nachbarskinder und Mitschüler von ihren Eltern häufiger, als ihnen lieb ist. Wenn sie nicht parieren und wieder zusammensacken, bekommen sie wahlweise eine gelangt oder ein Lineal ins Kreuz gesteckt. Bei Ruth völlig unnötig.

Auch bei ihrer Einschulung im April 1932, noch keine sechs Jahre alt, ist sie wie immer die Kleinste. Sie hat den Tag herbeigesehnt. Von 4 Uhr morgens an ruft sie regelmäßig nach der Mutter: „Darf ich nun endlich aufstehen?" Dann geht es zur Schule, und die Schultüte ist fast größer als das kleine blonde Mädchen, das vor Vorfreude vibriert. Der Empfang ist liebevoll.

Die Lehrerin, Fräulein Bardwijk, ist vom Typ her alles andere als einnehmend, ja, eher von grober Statur und fast männlich, mit Füßen, die über den Boden platschen. Aber sie ist eine Seele von Mensch und hat zum ersten Schultag mit Kreide fast lebensgroße Märchenfiguren auf die Wände des Klassenzimmers gemalt. Die Kinder sollen sich willkommen fühlen. Horst, der Banknachbar von Ruth, hat trotzdem große Angst. Die beiden kennen sich aus der Nachbarschaft, und die Mutter hat ausdrücklich darum gebeten, dass er in der Klasse neben ihr sitzen kann. Als die Mütter irgendwann aus dem Klassenzimmer gebeten werden, beginnt Horst vor lauter Verzweiflung zu brüllen. Ruth schaut ihn ganz entgeistert an und fragt sich, was mit ihm wohl los sei. „Ich war doch so froh, dass meine Mutter endlich gegangen war. Alleine in der Schule zu sitzen – einfach großartig!"

So liebevoll Fräulein Bardwijk ist, so gründlich ist sie auch. „Eine vorbildliche Lehrerin, die beste, die ich in meinem Leben hatte." Sie ist überaus geduldig, auch wenn die Kinder Schreiben lernen sollen. Erst wenn jeder in der Klasse einen Buchstaben wirklich beherrscht, beginnt sie mit dem nächsten. Die Schrift ist Sütterlin, lateinische Schrift kommt erst in der Oberschule dran. Die Kinder lieben ihre Lehrerin heiß und innig und begleiten sie auf dem Heimweg. Um die Ehre, ihre Tasche tragen zu dürfen, gibt es jedes Mal heftiges Gerangel.

Ruths Stärken sind von Beginn an das Lesen und Vorlesen. Einmal stibitzt sie aus dem elterlichen Bücherschrank „Quo Vadis?", den Historienschinken über die Verbrennung der Christen unter dem römischen Kaiser Nero (in der Verfilmung zwanzig Jahre später großartig gespielt von Peter Ustinov), liest ihn und erzählt davon in der Schule. Fräulein Bardwijk kann es nicht glauben. „Ruthchen, stimmt das auch wirklich?" Also bringt sie am nächsten Tag das Buch mit und liest der Klasse daraus vor. Die Lehrerin ist angemessen beeindruckt.

Am 30. Januar 1933 ändert sich schlagartig das Klima in

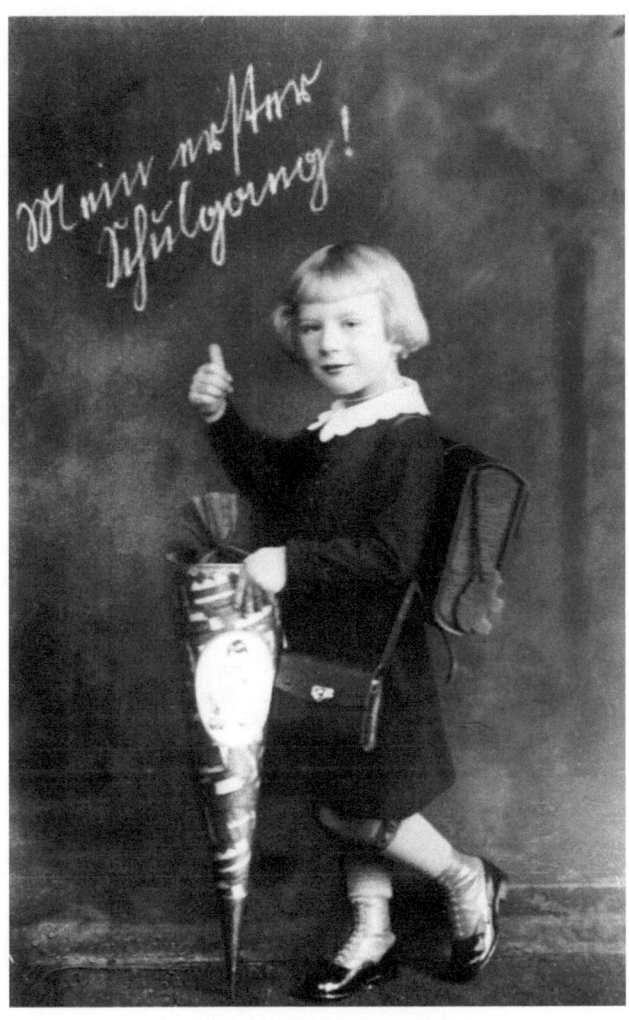

Ruths erster Schultag
im April 1932 – sie konnte es
kaum erwarten

Schule in den 30er-Jahren.
Ruthchen macht sie
erkennbar mehr Spaß als dem
Nachbarsjungen Horst

Deutschland. Den historischen Einschnitt der Machtergreifung Adolf Hitlers und der Nationalsozialisten erleben schon die Kleinsten. Die Umerziehung des deutschen Volkes zu linientreuen Untertanen kann nicht früh genug beginnen, sie ist umfassend und verfehlt ihre Wirkung nicht. Wurde vor diesem Tag bei Schulbeginn gebetet, müssen die Kinder von nun an vor und nach jeder Stunde strammstehen und laut „Heil Hitler" rufen. „Weil wir unseren Führer, der alles für uns tut, ja so über alles liebten", erinnert sich Ruth Rupp. Sie zeigt einen Brief, den ihr eine Freundin im Januar 1934 geschrieben hat. In krakeligen, aber großen Lettern ist er mit „Heil Hitler" unterzeichnet. Aus derselben Zeit stammt ein Brief einer anderen Mitschülerin, die bedauert, dass sie zu Hause leider kein Bild von Hitler oder Hindenburg an der Wand hängen haben. Aber sie besitze das Bild eines SA-Mannes, das sie heute, am Jahrestag der Machtergreifung, mit Tannengrün geschmückt habe. Der SA-Mann solle stellvertretend für Adolf Hitler sein.

Ein kleines Kind hinterfragt nicht. Das sei das Perfide an Regimen wie dem der Nazis, sagt Ruth Rupp heute: Sie gewinnen zuerst die Kinder und Jugend für sich. Und wissen, wie das gelingt. Da sind zum Beispiel die Reichsjugendwettspiele. Abgesehen von den gegrölten Liedern, die nichts für ihre musikalischen Ohren sind, hat Ruth großen Spaß an Sportwettkämpfen. Sie ist gut trainiert und bekommt jedes Mal eine Siegernadel. Ihre Parade-Disziplin ist Werfen, auch Laufen gelingt ihr gut. Nur beim Hochsprung hapert es, dazu sind die Beine einfach zu kurz. Gebannt hängt sie 1936 auch am Volksempfänger, als sich das Regime mit den Olympischen Spielen in Berlin schmückt, und weiß noch heute, welche Weite der legendäre Jesse Owens für seinen Sprung zu Gold überwand: 8,06 Meter. Zu Hause wird der Indoktrination durch die Nazis kein Wider-

stand entgegengesetzt. Friedrich Rupp ist absolut linientreu.
Aufgrund seiner Erziehung und seiner Prägung als Soldat ist
er obrigkeitshörig und als Beamter selbstverständlich Mitglied
der NSDAP. Er verehrt Hitler, erst recht nach einem Erlebnis
in Nürnberg, wo er ihn aus der Nähe erleben und „das Feuer
in seinen Augen" sehen konnte. Er lobt, wie viel besser es den
Deutschen nun geht, dass sie wieder Brot und Arbeit haben
und die Autobahnen gebaut werden. Die Mutter ist belesen, gut
informiert, eher liberal eingestellt, aber um des häuslichen
Friedens willen bereit, ihren Mann nicht zu provozieren. Am
Küchentisch – Friedrich Rupp am Kopfende, seine Tochter
ihm gegenüber, seine Frau an der Längsseite – werden die po-
litischen Ereignisse besprochen. Was passiert, ist wichtig und
wird ausführlich diskutiert. Der Vater schwadroniert, die Mutter bringt immer mal vorsichtige Gegenargumente vor. Ruth,
deren Interesse am Zeitgeschehen in ihren Zeugnissen stets
lobend erwähnt wird, hört fasziniert zu. „Mein Vater hatte von
sich das Bild, dass er als Herr des Hauses immer recht hat, und
meine Mutter nahm das einfach hin", erinnert sie sich. Hedwig
Rupp widerspricht auch nicht, wenn sie sich von ihrer Tochter
immer wieder deren damaliges Lieblingsbuch vorlesen lassen muss: Mit „Das kleine Hitler-Mädchen" werden schon die
Kleinsten auf Linie gebracht.

1934 zieht die Familie nach Düsseldorf. Hier erlebt das kleine Mädchen zum ersten Mal, wie Menschen in Nazi-Deutsch-
land verschwinden: ein Junge und zwei Mädchen aus der
Klasse, jüdische Kinder. Die sind eines Tages weg. Die Lehrerin
begründet das nicht, und die Schüler fragen nicht nach. „Der
Junge hatte mich gern", erzählt Ruth Rupp. „Er hat mich nach
der Schule manchmal nach Hause begleitet. Dabei haben wir
laut Hitler-Lieder gesungen." Zum Beispiel dieses:

Es zittern die morschen Knochen
Der Welt vor dem roten Krieg,
Wir haben den Schrecken gebrochen,
Für uns war's ein großer Sieg.
Wir werden weiter marschieren
Wenn alles in Scherben fällt,
Denn heute gehört uns Deutschland
Und morgen die ganze Welt.

Und dann war dieser Junge einfach verschwunden.

In Düsseldorf erlebt sie auch, wie die Gewalt gegen die Juden eskaliert und die Brutalität der Nazis auch in der Öffentlichkeit immer mehr um sich greift. Schon vor der Reichspogromnacht am 9. November 1938 werden auf der feinen Königsallee die Schaufenster der Geschäfte von jüdischen Kaufleuten eingeschlagen und die Wände mit Hakenkreuzen beschmiert. „Ich habe das als sehr schrecklich erlebt, als beängstigend, aber auch als sehr aufregend. Mit neun Jahren konnte ich das überhaupt nicht einordnen und verstehen." Die Eltern helfen dabei nicht.

Es gibt aber auch unvergesslich schöne Momente in Düsseldorf. Die Rupps wohnen nämlich gleich um die Ecke der Königsallee. Ihre Straße gehört zur Route des Karnevalszugs am Rosenmontag. Die Mutter steht auf einem Stuhl am Fenster, Ruthchen auf der Lehne, damit beide den Zug sehen können, und Friedrich Rupp fängt die Bonbons. Ein tolles Spektakel direkt vorm Fenster. Aber das kleine Mädchen ist auch entsetzt von der losen Moral der Feiernden. Als ein Jeck mitten im Karneval auf die Mutter zukommt, sich zu ihr hinunterbeugt und sagt: „Komm, gib mir mal ein Küsschen", schubst die Tochter ihn wütend weg.

Im darauffolgenden Jahr geht Ruth auf große Reise. Vom Rheinland nach Thüringen, von Düsseldorf nach Brotterode. Alleine mit der Bahn. Eine heute fast unglaubliche Geschichte: Ein Mädchen von neun Jahren fährt praktisch unbeaufsichtigt durch halb Deutschland. Zu einer ihm völlig unbekannten Frau. Es handelt sich um Ruths Patentante, die einst in Pommern die erste Lehrerin ihrer Mutter war. Sie schickt zwar zum Geburtstag und zu Weihnachten immer Pakete, aber persönlich kennt das Mädchen sie gar nicht. Hedwig Rupp findet, das müsse man nun ändern, und schickt die Tochter auf die weite Reise dorthin. Die findet das großartig, freut sich unbändig auf das große Abenteuer und hat überhaupt keine Angst. Sie bekommt von der Bahnhofsmission, die für sie zuständig ist, ein Schild umgehängt, das sie als alleinreisendes Kind ausweist, und wird auf den Zug gesetzt. Ein sehr langer Ferienzug ist es, und Ruth lernt schnell einen Jungen kennen, mit dem sie von da an durch die Waggons flitzt. In Soest wird der Zug getrennt, und fast fährt sie mit dem falschen Zugteil weiter. In Kassel steigt eine Freundin der Patentante zu und hat den Auftrag, auf das kleine Mädchen aufzupassen. Das muss nun die restliche Fahrt bis Schmalkalden still auf seinem Platz sitzen, obwohl es doch so gerne weiter den Zug erkundet hätte. Dann geht es weiter mit der Bimmelbahn, bis in Brotterode eine erleichterte Patentante auf dem Bahnsteig steht, die überglücklich ist, Ruth unbeschadet in die Arme schließen zu können. „Nun müssen wir Mutti aber gleich eine Karte schreiben, dass du gut angekommen bist", sagt sie. Die Reaktion: „Ach, das ist nicht so wichtig."

In Brotterode ist es herrlich, Ruth genießt ihren Aufenthalt in vollen Zügen. Und sie lernt einen Jungen kennen: Fritz kommt aus Nürnberg und ist bei seiner Großtante zu Besuch, die unten im Haus wohnt. Mit ihm versteht sie sich sofort bestens. „Wir wurden zum Himbeerpflücken in den Wald geschickt", erzählt Fritz Pohl heute im ausgeprägten Fränkisch seiner Heimat amüsiert. „Und obwohl ich drei Jahre älter bin, konnte ich mich mit Ruth gut unterhalten." Als sich die vierwöchigen Ferien dem Ende nähern, mögen sich die beiden gar nicht mehr trennen. Am Tag der Abreise schließt sich Ruth auf der Toilette ein und weint dicke Tränen in ihr hellblaues, spitzenbesetztes Unterkleid. „Ja", sinniert sie heute, „Abschiede sind mir immer schwergefallen." Im Jahr darauf schickt sie Fritz eine Postkarte, „unterschrieben mit Heil Hitler", erinnert er sich. „Das fand ich auf einer Urlaubskarte doch eher ungewöhnlich." Dennoch ist dies der Beginn einer sehr langen Brieffreundschaft. Die beiden sollen sich nie mehr aus den Augen verlieren. Nach 15 Jahren sehen sie sich das erste Mal wieder. Und 2004 sitzt dieser Fritz Pohl im Publikum, als Ruth in der „Dreigroschenoper" die Moritat von Mackie Messer singt. Selbst heute noch, mehr als 80 Jahre, nachdem die beiden Kinder durch den Thüringer Wald gestromert sind, haben sie regelmäßig Kontakt.

Abschiede fallen Ruth also schwer, Umzüge dagegen nicht. „Ich war es einfach gewohnt, habe überall schnell wieder neue Freunde gefunden und Freundschaften aus den vorigen Wohnorten weitergepflegt. Mit manchen Freundinnen und Freunden habe ich, wie ja auch mit Fritz, über Jahrzehnte Kontakt gehabt und Briefe geschrieben." Wehmütig kann man werden, wenn sie aus einer Schublade oder einem Karton in ihrer kleinen Wohnung Stapel von Briefen holt, die vor 70 oder 80 Jahren verfasst wurden, und daraus vorliest. Werden wir später mal Festplatten mit E-Mails unserer Freunde oder verflossenen Liebschaften herauskramen? So kommt es mir in den Sinn. Eine absurde Vorstellung. Sind Freundschaften womöglich dauerhafter, wenn man sie mit dem Ritual des handgeschriebenen

Briefs bekräftigt und bewahrt, verblasste Tinte auf vergilbtem Papier? So hat es Ruth Rupp, hingebungsvolle Briefeschreiberin, ihr Leben lang gehalten.

1936 steht der nächste Umzug an, es geht von Düsseldorf nach Nordenham an der Wesermündung. Friedrich Rupp, der unruhige Geist, hat sich wieder mal versetzen lassen. Er liebt das Neue am neuen Einsatzort – und hasst, paradox genug, jede Veränderung in seinem Wohnumfeld. Es muss genauso sein, wie er es im Kopf hat, alles andere wirft ihn aus der Bahn. Deswegen räumen Frau und Tochter immer ein und um, wenn er nicht da ist. Ein eingeschworenes Team sorgt für vollendete Tatsachen. Bei einem Umzug bricht der Schlüssel zu seinem Schreibtisch ab, und im selben Moment geht die Welt unter. Friedrich Rupp wird krebsrot und beginnt zu brüllen, dass die Wände wackeln. Das hat er beim Militär gelernt. Der weibliche Teil des Haushalts lässt das Gedonner geduldig über sich ergehen und weiß: Das gibt sich wieder. Und wenn der Herr aus dem Haus ist, kann man weiter die Wohnung in Schuss bringen.

Die Katastrophe naht allerdings, wenn Friedrich Rupp Bilder aufhängen will. Mit Zollstock und Wasserwaage bewaffnet rückt er an, hat am besten vorher eine Zeichnung angefertigt, will nun zur Tat schreiten und haut sich erst mal mit dem Hammer auf den Daumen. Im Stillen amüsieren sich Frau und Tochter, offiziell bekunden sie Mitgefühl. Und wenn er dann ausgerückt ist, steigt die Tochter auf die Leiter und, zack, hängen die Bilder. Aber die zwanghafte Ordnungsliebe treibt Hedwig und Ruth Rupp auch regelmäßig zur Weißglut. Etwa wenn Friedrich Rupp nach seiner Heimkehr als Erstes die Sofakissen gerade gerückt – inklusive Handkantenschlag, versteht sich – und die Teppichfransen kämmt. Zwölf Jahre in der Reichswehr haben tiefe Spuren hinterlassen.

Ruth Rupp schaut verschmitzt. „Ja, so war mein Vater. Ich habe ihn geliebt, aber später auch durchschaut und mir gesagt: ‚Du kannst mir'n Buckel runterrutschen'. So sind eben Männer. Die finden sich ganz groß, haben aber nicht so richtig den Durchblick. Wichtige Sachen regelt man am besten ohne sie, und dann werden sie's schon gut finden."

Oder man beeindruckt sie mit sportlichen Leistungen. Das zehnjährige Mädchen, das vor Energie nur so strotzt, findet im Garten des Hauses in Nordenham eine zwei Meter hohe Reckstange vor. Von den großen Jungs lässt es sich Aufschwung, Felge und Riesenwelle zeigen und beherrscht die Übungen bald besser als sie. In dieser Zeit, in der Ruths Körper schnell weibliche Formen annimmt, entwickelt sie aber auch erste Gefühle fürs andere Geschlecht. Man liegt auf der Wiese vor dem Garten im Heu und spielt „Mäuschen, sag mal Piep". Zum Beispiel mit Fritz und Franz. Fritz hat rotes borstiges Haar und Franz ganz weiches, das sie so gerne anfasst. Krischan dagegen hat ganz große braune Augen und kann wunderbar Geige spielen. Den findet sie besonders toll, auch weil er sie gegen Jutta, eine Berliner Göre auf Ferienbesuch, in Schutz nimmt. Die lästert über Ruths Körpergröße und fängt sich großen Ärger ein: „Wenn du die kleine Ruth nicht in Frieden lässt, dann schmeiß ich dir einen Stein an den Kopf!

„Wenn man in die Pubertät kommt und die Jungs entdeckt – und ich war ja auf einer Schule, auf der viel mehr Jungs als Mädchen waren –, ist das natürlich aufregend. Aber für mich nicht so sehr. Jungs waren für mich selbstverständlich und nicht so etwas Besonderes. Ich habe sehr früh meine Regel bekommen und war körperlich entwickelt, aber ich war ja klein, und die großen Mädchen haben mich nicht für voll genommen. Und meine Nase! Ich entspreche nicht dem klassischen

Schönheitsideal, und die Nase ist wirklich groß. Die habe ich weder von meiner Mutter noch von meinem Vater und mich schon manchmal gefragt: ‚Himmel, was haben deine Eltern da gemacht, als sie dich gezeugt haben?' Ja, ich bin mal gehänselt worden deswegen, eher allerdings wegen meiner Größe. Kinder sind ja schon ziemlich brutal. Ich finde es traurig, wenn ich heute erlebe, wie junge Mädchen unglücklich sind und sich vielleicht sogar operieren lassen, um dem Schönheitsideal mehr zu entsprechen. Ich bin von meinen Eltern, vor allem von meiner Mutter, mit der Sicherheit versorgt worden, dass ich genau richtig bin, so wie ich bin", erinnert sich Ruth Rupp.

Sie ist gar nicht so versessen darauf wie andere Mädchen, einen Jungen zu kapern und sagen zu können, dass sie ‚mit ihm geht'. Dafür sind ihr die Jungs viel zu vertraut; als Spiel- und Klassenkameradin kommt sie bestens mit ihnen zurecht. Sie ist sportlich, kräftig und energisch und hat keine Angst. Das verschafft ihr ein hohes Ansehen bei den Jungs.

Und sie kann so wunderschön singen. Gerne mit dem Vater. Der singt auch gut und voller Inbrunst. Seine Lieblingslieder zu jener Zeit sind „Die Lore am Tore" und das Wolgalied:

„Hast du dort oben vergessen auf mich?
Es sehnt doch mein Herz auch nach Liebe sich.
Du hast im Himmel viel Englein bei dir!
Schick doch einen davon auch zu mir."

Das Mädchen sitzt am Klavier im Wohnzimmer und klimpert, der Vater steht daneben, und beide singen gemeinsam. Das erste Mal, dass Ruth im Kirchenchor ihre Stimme erklingen lässt, ist in Atens bei Nordenham. Auf Anregung der Mutter geht sie mit ihr zu Pfingsten dorthin. Die Kirche ist schon von Weitem zu sehen, aber bis die beiden schließlich ankommen, sind viele Wiesen zu überqueren. Der Musiklehrer des Gymnasiums spielt dort die Orgel. Als die Mutter ihn fragt, wo denn die Leute seien – eine halbe Stunde vor dem Gottesdienst sind sie die einzigen –, antwortet er: „Tja, Frau Rupp, daran müssen Sie sich gewöhnen. Viele Leute sind hier nie." Das ist für Ruth und einige Mitschüler, die gut singen können, von großem Vorteil. Denn wenn sie brav zum Gottesdienst kommen, um dort im Chor zu singen, bekommen sie am Ende des Monats fünf Mark. Für ein Mädchen von zehn Jahren viel Geld – und ihr erstes Künstlersalär.

Die Schulkarriere geht zunächst erfolgreich weiter. Gleich nach dem Umzug nach Nordenham wird Ruth am Gymnasium angenommen, eigentlich eine Jungen-Schule, die nun aber auch einige Mädchen aufnimmt. Weil sie gute Zeugnisse vorweisen kann und außerdem aus der großen Stadt kommt, muss sie keine Prüfung ablegen. Und weil die Noten erst einmal gut bleiben, reduziert der Schulleiter das Schulgeld nach einem Jahr von 20 auf 10 Reichsmark. Einmal beauftragt sie der Klassenlehrer, der aus der Klasse gerufen wird, den Mitschülern eine Geschichte vorzulesen, damit sie während seiner Abwesenheit nicht über die Stränge schlagen. Es ist eine Geschichte, in der ein kleiner Hund einem Soldaten das Leben rettet. Und weil sie so überzeugend und gefühlvoll vorliest, liegen am Schluss die Jungen mit dem Gesicht auf dem Pult und weinen vor Rührung. „Da war ich noch eine gute Schülerin", seufzt Ruth Rupp.

Dass dies nicht so bleibt, liegt auch an einem Wesenszug des jungen Mädchens, der immer stärker hervortritt: Ruth hat ihren eigenen Kopf und eine eigene Meinung. „Klein, aber aufrecht", lautet ihre Maxime, der sie ein ganzes Leben lang folgen wird. Wegducken liegt ihr einfach nicht – eine couragierte

Denkweise, die in einem autoritären Regime allerdings nicht gut angesehen ist. Selbst wenn der Widerspruch stumm bleibt und sich nur in der Haltung ausdrückt: Machtmenschen haben ein feines Gespür dafür und reagieren mit zunehmender Härte. Ein solcher Machtmensch ist Hildegard Nöll, Ruths Klassenlehrerin im Gymnasium von Bremen-Vegesack, wohin Familie Rupp 1938 umgezogen ist. Unverheiratet ist sie und lebt mit ihrem ebenfalls ledigen Bruder in einem großen Haus. Der ist Arzt und steht unter der Fuchtel seiner älteren Schwester. Fräulein Nöll ist mit ihrem Leben unzufrieden und lässt das an ihrer Klasse aus, aus der sie sich immer einige Schüler herausgepickt. Häufig genug ist das Ruth. Der gibt sie in Deutsch, eigentlich ein Vorzeigefach des Mädchens, eine Vier, obwohl Ruths Aufsätze stets deutlich besser sind. Begründen kann sie die Note nicht, und eine Beschwerde bei der Schulleiterin darüber verbietet sich. Die ist eine Nationalsozialistin wie aus dem Bilderbuch, inklusive Knoten im Haar und geschnürten Stiefeln. Fräulein Nöll hätte diesen Posten wohl selbst gerne inne, aber ihr ideologisches Feuer reicht der Schulbehörde nicht aus. So reagiert sie ihren Ärger und Frust an einigen Schülern ab, auch in Form von blauen Briefen an die Eltern. Im Hause Rupp gibt es eine klare Rollenverteilung. Wenn die Tochter gute Noten und Bewertungen einsammelt, ist der Vater zuständig, jetzt aber, wo es schwierig wird, die Mutter. Größere Nachwirkungen haben die Gespräche nicht. Nur auf die Moral der Tochter. Ihr wird die Lust an der Schule regelrecht abgewöhnt.

Immerhin ist Frau Nöll, so ungerecht und machtbewusst sie agiert, keine ausgeprägte Nationalsozialistin. Die Schüler bleiben von wuchtiger Propaganda und extremer Indoktrination halbwegs verschont. Aber diese glühenden Nazis gibt es natürlich auch. Den Erdkundelehrer etwa, einen Dr. Belger, der im Ersten Weltkrieg bei Verdun ein Bein verloren hat. Ein Erlebnis mit ihm ist Ruth Rupp bis heute noch besonders präsent. „Wir Mädchen hatten die Angewohnheit, den Hitlergruß mit einer lässigen Handbewegung zu machen. Als wir Dr. Belger eines Tages in der Einkaufsstraße von Bremen-Vegesack trafen, grüßten wir ihn auf diese Weise. Am nächsten Tag wurden wir auf den Schulhof kommandiert. Zehn Minuten lang mussten wir vorschriftsmäßig an ihm vorbeimarschieren und immer wieder den Hitlergruß auf korrekte Weise rufen und ausführen." Diesen Dr. Belger trifft es später noch übel. Als er kurz vor Kriegsende mit einem Fernglas die Linie der Engländer jenseits der Weser beobachten will, trifft ihn ein Schuss ins gesunde Bein.

Marschieren, strammstehen, brüllen, Lieder grölen: Ruth Rupp fehlt dazu einfach alles. Das Gardemaß, die Gesinnung, die Brutalität, die Bereitschaft, in der Masse aufzugehen. Das Geschrei von Hitler und Goebbels im Volksempfänger, den ihr Vater gleich 1933 gekauft hat, tut ihr in den Ohren weh, den Dienst im Bund Deutscher Mädel schwänzt sie regelmäßig. „Das ging mir so gegen's Gefühl", erregt sie sich heute noch. „Das ging ja, wenn wir Dienst hatten, mit dem Singen los. Dieses Laute, Gepresste, diese Märsche – und immer zack, zack" – sie seufzt laut auf – „ach nein, wie schrecklich! Ich mochte von Kind auf an das Leise, das Zarte, die Engelein-Musik." Fast zehn Jahre sollen vergehen, bis diese zarten Klänge wieder ihr Leben bestimmen können.

STILLE REBELLION UND HEULENDES ELEND

Frühe Erfahrungen mit der Macht

„So. Jetzt ist es so weit." Es ist der 1. September 1939. Hedwig Rupp steht im Zimmer ihrer Tochter.

Die liegt noch im Bett. „Was ist so weit, Mutti?"

„Wir haben jetzt Krieg."

Seit sechs Uhr morgens verbreiten alle deutschen Radiosender die Eilmeldung: Adolf Hitler hat Polen den Krieg erklärt. Was für ein Einschnitt das ist, erfasst das 13-jährige Mädchen sofort.

Noch heute steht Ruth Rupp die Szene lebendig vor Augen, kann sie den Satz der Mutter im selben Ton und Gestus wiedergeben. Sie erinnert sich: „Die Kriegserklärung kam für uns plötzlich. Aber dass etwas heraufzog, haben wir deutlich gespürt. Wir wussten nicht genau, was da im Gang war. Es veränderte sich etwas im Land. Es fing schon in Düsseldorf an, also noch vor 1936, dass Lebensmittel rationiert wurden. Da haben wir beim Einkaufen keine Butter bekommen. Das waren schon erste Vorbereitungen auf den Krieg. Das hieß ja nachher ‚Butter für Kanonen'. Das normale Leben ging weiter, aber es lag etwas Undefinierbares in der Luft. Und dieses Gefühl steigerte sich. Die Machthaber haben das raffiniert gemacht, indem sie aus

der deutschen Aggression eine Selbstverteidigung machten.
Wir haben ja Polen überfallen und in 18 Tagen das ganze Land
besetzt. Und dann wurde in derselben Geschwindigkeit Frankreich besiegt. Im Radio kam dauernd die Liszt-Fanfare mit neuen Siegesmeldungen von der Front. Wir waren natürlich alle
begeistert, auch in der Schule. Wir haben gedacht, wir erobern
jetzt die ganze Welt. Siegen ist schön, ein herrliches Gefühl. Wir
haben gedacht, wir sind die Größten."
Vor dem Krieg und zu Kriegsbeginn ist die Situation alles
andere als bedrohlich. Stattdessen schlägt die Euphorie hohe
Wellen, auch im Hause Rupp. Ruth ist ein munteres Mädchen,
und jetzt ist ja etwas los! Die Situation ist auf einmal eine völlig
andere. Jeder hat irgendwie das Bedürfnis mitzuhelfen, damit
der Krieg gut ausgeht. „Ein ganzes Land befand sich im Krieg!
Wer das nicht miterlebt hat, kann sich das nicht vorstellen. Da
kamen bei uns ganz andere Gefühle hoch, wir haben alle intensiv empfunden: ‚Dazu musst auch du etwas beitragen!' Und das
haben die meisten von uns dann ja auch getan."

Die ersten Fliegerangriffe auf Bremen sind erst mal nur eine
Irritation, mehr nicht. Unweit vom Wohnort der Rupps liegt
der Bremer Vulkan, wo Kriegsschiffe gebaut werden. Wenn
die großen Leuchtgranaten am Himmel stehen und die Flak zu
schießen beginnt, können die Jugendlichen das aus nächster
Nähe beobachten und finden es erst einmal aufregend. Am
nächsten Tag suchen sie nach Bombensplittern und sammeln
sie wie Trophäen.

Irgendwann wird es aber auch lästig. Gibt es Fliegeralarm,
vollzieht sich im Hause Rupp jedes Mal dasselbe Ritual. Der Vater ist als Erster aus dem Bett und stürmt in den Luftschutzkeller, die Mutter bleibt zunächst noch liegen, die Tochter geht in
die Küche, um sich was zu essen zu machen. „Bei Fliegeralarm

bekam ich immer Hunger", erzählt Ruth Rupp. Manchmal muss die Familie dreimal in der Nacht raus in den Luftschutzkeller und Ruth sitzt dann morgens völlig übermüdet in der Schule. Die Geschehnisse der Nacht werden in den Pausen lebhaft diskutiert. In einem Brief an Fritz Pohl vom 18. Mai 1940 berichtet das junge Mädchen über die vorangegangene Nacht:

„Plötzlich fielen Schüsse. Und als es schlimmer wurde, standen wir auf. Als wir aber gerade aus dem Bett heraus waren, wurde es wieder ruhiger, und schließlich war nichts mehr zu hören. Wir also wieder rein. Wie es nun immer ist, als wir drin sind, fängt das Schießen wieder an. Und zwar krachte es so ordentlich, dass unser Haus schon wackelte. (...) Plötzlich gibt es einen ganz roten Schein und ein furchtbares Gekrache und Getöse. Es war die erste Bombe, die hier abgeworfen wurde. Großen Schaden hat sie nicht angerichtet. (...) Na, wir also wieder raus aus den Federn und angezogen. Die Frau, welche bei uns oben wohnt, kam auch herunter. Als wir noch auf dem Flur standen und überlegten, ob wir in den Luftschutzkeller gehen sollten oder noch vorläufig in unserer Küche bleiben sollten, wird plötzlich Fliegeralarm gegeben in den größten Krach hinein. Der kam wirklich reichlich spät. Wir blieben noch in der Küche und sahen aus dem Fenster. Es war ein wunderbares Schauspiel. Von allen Ecken flammten die Scheinwerfer auf und nahmen die Flugzeuge in ihren Lichtkegel. Dann schoss die Flak mit Leuchtgranaten. Es sah aus wie eine lange Kette heller Sterne, die durch die Luft flogen. Ab und zu hörten wir dann das Krachen einer Bombe. (...) Plötzlich wurde es in Richtung nach Bremen hin ganz rot am Himmel. Dort im Freihafen war, wie wir am nächsten Morgen von einer Lehrerin erfahren haben, ein Holzschuppen in Brand geraten."

Die am nächsten Morgen anstehende Mathematikarbeit – erst um halb vier in der Früh hat es Entwarnung gegeben – wird

von der Lehrerin aus Rücksicht verschoben. Auch der Chemie-
lehrer ändert seinen Unterricht, berichtet Ruth dem Freund: *„In
unserer Chemiestunde haben wir das Dröhnen und Donnern
nachgemacht. Karla und noch ein anderes Mädel waren die Bris-
tol Blenheim Maschinen. Lena war das Maschinengewehr und
Bomben. Ich war die leichte Flak und ein anderes Mädel die schwere Flak. Es war wirklich täuschend ähnlich. Nur nicht so laut."*

Immer stärker richtet sich das gesamte Leben auf den Krieg
aus. Es wird zwar weiter geliebt, gelacht und geweint, und auch
der Alltag geht irgendwie weiter, aber das Lebensgefühl ist ein
völlig anderes. Auch in der Schule. Hier bekommen alle Schüler
jeweils eine Feldpostadresse eines ihnen unbekannten Soldaten an der Front, dem sie Briefe und Päckchen mit Süßigkeiten
oder Keksen schicken. Der, dem Ruth schreibt, heißt Bruno
Griebsch, kommt aus Königsberg und ist in Russland an der
Front. Für ihn ist sie nun zuständig. Und er schreibt zurück.
In einer Postkarte vom 22. Dezember 1943 heißt es: *„Hier ist
gerade für ein paar Tage Ruhe. Wir warten jede Stunde auf den
russischen Angriff. Jetzt bei dem Frost wird er es bestimmt ver-
suchen. Er soll nur kommen! Wir sind gewappnet."*

Ruth findet es befremdlich, wie dieser Soldat, dem sie
schreiben soll, auf sie fixiert ist, und fragt sich, was er sich in
seinen Träumen wohl ausmalt. „Man muss sich das vorstellen", erregt sie sich heute. „Was es einem Soldaten in diesem
schrecklichen Russland in diesem kalten Winter bedeutet,
wenn er einen Brief von einem deutschen Mädel mit liebem
Gruß und Keksen aus der Heimat bekommt! Der gibt sich dann
auch Illusionen hin, dass dieses Mädel vielleicht ihn persönlich
meine." So geht es Bruno Griebsch tatsächlich. Da Ruth ihm
weiterschreibt, verspricht er sich etwas von diesem Kontakt,
hält sich dabei allerdings mehr an Hedwig Rupp. „Der hatte

Kleine Freuden zwischen
Bombenangriffen: Ein Ausflug
des Jugend-Rudervereins
Bremen im Jahr 1941

wirklich Absichten und versuchte, mich über meine Mutter zu beeinflussen", seufzt die Tochter heute. „Das kann ich natürlich verstehen, wenn man so fern der Heimat unter furchtbaren Bedingungen an der Front liegt – dann interpretiert man da mehr hinein, als da eigentlich ist. Nämlich ein staatlich verordneter Dienst, der den Kampfesmut der Soldaten fördern soll." Bei drei Mädchen aus Ruths Klasse kommt eine engere Verbindung am Ende zustande. „Eine Klassenkameradin von mir hat diesen unbekannten Soldaten später tatsächlich geheiratet. Na ja, sie hat danach noch zwei weitere Male geheiratet." Zu Bruno Griebsch bricht der Kontakt in den letzten Kriegswirren ab.

Kleine Fluchten machen das Leben erträglicher, zum Beispiel die Gemeinschaft eines Ruderklubs. Ende April 1942 ist das sogenannte „Anrudern", der erste Ausflug des Jahres und bei Ruderern traditionell ein wichtiges Ereignis. In einem Brief an Fritz schreibt Ruth:

„Es war eine tolle Sache. Der Himmel war blau, aber es wehte ein furchtbar starker Wind (...) Als wir unser Boot eben auf dem Wasser hatten und darin saßen, kam Fliegeralarm. Unsere Leiterin schrie: ‚Ihr kommt sofort wieder nach oben!' Ich schrie auch noch ‚ja' zurück. Doch da sagt einer aus dem Herrenvierer, es war der Vater unserer Schulkameradin: ‚Ihr fahrt jetzt los. Ich übernehme die Verantwortung.' (...) Wir also nichts als los. Es war toller Seegang. Kreuz und quer sind wir über das Wasser gefahren. Wir haben die Wellen so fabelhaft genommen, dass wir nachher überhaupt kein Wasser im Boot hatten."

Im Anschluss gibt es dann reichlich Ärger mit der Leiterin, die sich den Mädchen gegenüber unversöhnlich zeigt. Erst als der Vater einschreitet und alle Schuld auf sich nimmt, glätten sich die Wogen. *„Aber dies alles wegen dem dämlichen Fliegeralarm"*, schimpft Ruth in ihrem Brief.

Nach der elften Klasse ist die Schulzeit vorbei. Das Kriegs-abitur, so wird klar, wird später ohnehin nicht als richtiges Abitur anerkannt, und so gehen die meisten Mädchen nach der Obersekunda von der Schule ab. Sie haben brav gelernt, was eine deutsche Hausfrau und Mutter unter den Nazis können muss: Säuglingspflege, Kinderbetreuung, Kochen, Handar-beiten. Darum geht es in einer Oberschule für Mädchen. Weil Ruth nicht weiß, welchen Beruf sie erlernen will, besucht sie ein Seminar für Kindergärtnerinnen. Mit Kindern umgehen, das kann sie gut und wird es später in ihrem Leben noch oft beweisen. Sie freut sich auf das Seminar, wie sie ihrem Freund Fritz schreibt: „Auf der Schule haben wir lauter Fächer, die mir besonders gut liegen, z. B. Deutsch, Geschichte, politische Tages-fragen, Musik, Hauswirtschaft. Karla kommt auch auf diese Schule."

Die Freude währt allerdings nicht lange, denn Ruth gerät an eine Klassenlehrerin, die auf perfekte Weise den National-sozialismus verkörpert. „Schon der Typ – furchtbar!", ruft die 91-Jährige noch heute aus. „Eine plumpe Gestalt mit einem Knoten im Haar und diesen schrecklichen geschnürten Ge-sundheitsschuhen. Ich fand die einfach unmöglich, schon vom Äußeren!" Und das merkt dieses Fräulein Müller. „Ich bin ja ein sehr offener Mensch und kann meine Gefühle nicht gut verber-gen. Die Frau hat mich gehasst. Meine Art, wie ich war und wie ich mich gegeben habe, passte nicht zu dem, wie sie war." Doch die Lehrerin hat die Macht.

Wie Fräulein Müllers Meinung nach ein deutsches Mädchen zu sein habe, dem entspricht Ruth nicht – trotz der schönen blonden Zöpfe und des absolut linientreuen Vaters. „Ich kann es mir nur so erklären: Ich bin immer ein oppositioneller Geist gewesen. Ich habe bei Dingen, die mir nicht gepasst haben, immer gezeigt, dass ich dagegen bin. Ich bin ja ein freundlicher, lebensfroher Mensch und habe viele positive Eigenschaften, aber es muss etwas in mir sein, dass bei bestimmten Menschen Widerspruch weckt." Das ist Ruth Rupp später immer wieder so gegangen und wird uns deswegen in diesem Buch auch wieder begegnen.

Nie beginnt das junge Mädchen im Kindergärtnerinnen-Seminar einen Konflikt. „Das wäre nicht gegangen! Stellen Sie sich vor, ich hätte mich da hingestellt und sie angeschrien oder ihr meine Meinung gesagt. Das war in jener Zeit völlig unmöglich!" Ruth ist zu diesem Zeitpunkt schließlich erst 16 Jahre alt und hat nicht die Möglichkeit, sich gegen eine Autoritätsperson zu wehren. Und so muss sie die schlechten Noten, die sie trotz respektabler Leistungen bekommt, hinnehmen. Doch mit Gestik und Mimik drückt sie aus, dass sie nicht einverstanden ist. Und bringt Fräulein Müller damit umso mehr gegen sich auf. Machtmenschen nehmen wahr, dass man sie verachtet, auch wenn man es gar nicht sagt. Und diese Wahrnehmung hassen sie. Deswegen wird es immer schlimmer. „Ich habe offenbar mit meiner Stimme, mit meinen Gesten, mit meiner Haltung provoziert. Ohne es wirklich zu wollen. Ich konnte und kann nicht anders. Ich habe das nicht bewusst eingesetzt, so raffiniert war ich nicht. Heute wäre ich solchen Situation gewachsen und wüsste, wie ich mich verhalte – aber damals?"

Nach Ende des ersten Ausbildungsjahres bestellt Fräulein Müller Ruth zu sich nach Hause. Sie eröffnet der Schülerin, dass sie als Kindergärtnerin völlig ungeeignet sei, und rät ihr dringend, die Ausbildung abzubrechen. Nicht aggressiv, aber unmissverständlich. Ein Gespräch mit dem Schulleiter gibt es mangels konkreter Vorwürfe nicht, nur den Rapport in der Wohnung der Lehrerin. Aufbegehren? Zwecklos. Und so fügt

sich das Mädchen in sein Schicksal. Zu Hause beginnt das große Heulen. In der Stube der Rupps steht ein Ohrensessel neben
dem Ofen. In den verkriecht sich die Tochter und schluchzt all
ihr Elend heraus. „Das war so ungerecht! Ich wusste, ich kann
das alles – und muss trotzdem gehen! Das hat mich sehr verletzt! Dass ich vorher mal in Mathematik eine Vier oder sogar
eine Fünf bekommen habe, hat mich nicht gestört. Das war ja
gerecht, da war ich wirklich keine Leuchte. Aber der Abgang
aus dem Kindergärtnerinnen-Seminar war zutiefst ungerecht."
Vorhandene Fachkompetenz garantiert in einer autoritären
Gesellschaft leider noch lange nicht den Schulerfolg.

Die 17-Jährige ist am Boden zerstört. Verzweifelt über das
Unrecht und zum ersten Mal in einer Art existenziellen Krise.
Denn Ziel dieses Mobbings, wie man es heute wohl nennen würde, sind ja nicht die Fähigkeiten des jungen Mädchens, sondern
ihre Person selbst. Und Ruth Rupp weiß: „Ich kann gar nicht
anders. So bin ich halt – immer aufrecht und den Kopf hoch!
Die Nazizeit war wirklich nicht meine Welt. Immer strammstehen, immer gehorchen, nie rechts und links schauen. Nur wenn
du alles mitmachst, bist du gerne gesehen. Aber man gibt sich
dabei ja selbst auf!" Die stille Rebellion gegen eine allmächtige
Lehrerin endet in einem Meer aus Tränen.

Die Mutter tröstet, auch weil sie merkt, wie sehr das Mädchen leidet. Und dieses Vorbild von Hedwig Rupp, die wie
selbstverständlich da ist, wenn die Tochter sie braucht, wird
später zu einem Leitmotiv in deren Leben. Nicht weglaufen,
keine großen Worte machen, den Schmerz aushalten, einfach
da sein und die Hand halten, Trost spenden und Halt geben. So
gelingt Erziehung.
Der Vater dagegen ist entsetzt. Er, der aus einem ganz anderen
Holz geschnitzt ist, macht sich bei Problemen lieber vom Acker

und überlässt alles Weitere seiner Frau. Mit den verblüffendsten Auswirkungen: Als in einem späteren Sommer die Kartoffeln im Garten vom Kartoffelkäfer befallen werden, betritt er den Garten nicht mehr. Die Pflanzenreste muss die Tochter aus der Erde holen.

Mit dem vorzeitigen Ende ihrer Ausbildung verliert die junge Ruth den letzten Schutz vor der Kriegswirtschaft und den Dienstverpflichtungen, die das immer stärker belastete Land niederdrücken. Sie wird tiefer in die Wirren des Krieges hineingezogen.

EIN ROTER PULLI AUF DEM KASERNENHOF

Mit Chuzpe und Glück den Krieg überleben

Im Frühjahr 1943 kommt Ruth ins Pflichtjahr, einem von den Nationalsozialisten vorgeschriebenen Programm, in dem der deutschen Jugend, solange sie noch zu jung ist für den Dienst an der Front, der Segen praktischer Arbeit nahegebracht werden soll. Ganz nebenbei geht es aber auch darum, die Verluste an Arbeitskraft, die mit einer Generalmobilmachung einhergehen, zumindest zum Teil auszugleichen. Handwerkliche oder körperliche Arbeit muss es sein, und so wird dem jungen Mädchen per Brief eine Stelle in einer Gärtnerei in Bremen-Lesum zugewiesen. Es ist ein großer Betrieb mit Baumschule und Ladengeschäft, wo auch Zwangsarbeiter eingesetzt sind. Die blinde Herrin des Hauses kommandiert alle unduldsam und mit großer Strenge herum. Ruth muss im Haushalt helfen und bekommt, wie auch später immer wieder, die Sorge für ein Kind übertragen. Dafür gibt man ihr zu essen und zu trinken, aber keinen Lohn.

Das Mädchen hat Glück. In Lesum fallen keine Bomben, und mit dem Arbeitsort hätte sie es schlechter treffen können: in einer Munitionsfabrik etwa, um dort Patronen zu drehen,

oder beim Roten Kreuz, um Verwundete zu versorgen. Da ist
es in einer Gärtnerei angenehmer. Allerdings nicht nur. Denn
über dem Laden, in dem die Blumen verkauft werden, gibt es
einen Boden, wo in großen Säcken die Samen lagern. Dort tum-
meln sich Ratten. Immer wieder hängen zwischen den lücken-
haften Bodendielen die Schwänze der Ratten hindurch. „Dann
gab mir die Tochter des Hauses eine Brikettzange, mit der ich
von unten den Schwanz einer Ratte packen musste, damit sie
auf den Samenboden gehen konnte, um sie totzuschlagen",
erinnert sich Ruth Rupp mit leisem Schaudern. „Was für ein
schlimmes Quieken ..."

Im Oktober 1943 wird sie zum Reicharbeitsdienst einberu-
fen. Ursprünglich war der RAD, so die Abkürzung, als Instru-
mentarium der ideologischen Erziehung gedacht: „Es gibt kein
besseres Mittel", verkündete die Nazi-Propaganda, „die soziale
Zerklüftung, den Klassenhass und den Klassenhochmut zu
überwinden, als wenn der Sohn des Fabrikdirektors und der
junge Fabrikarbeiter, der junge Akademiker und der Bauern-
knecht im gleichen Rock, bei gleicher Kost den gleichen Dienst
tun als Ehrendienst für das ihnen allen gemeinsame Volk und
Vaterland." Von 1942 an aber ist der RAD voll in die Kriegswirtschaft eingespannt, der Dienst mit 76 Wochenstunden hart.
Hier tritt Ruth mit ihren 17 Jahren als vArbeitsmaid" an. In
einer richtigen Uniform: blaues Kleid, rotes Kopftuch, Schürze,
Holzschuhe, zum Ausgehen bekommt sie einen beigebraunen
Mantel mit dunkelbraunem Kragen und einen Hut. „Ich sah
schrecklich aus in diesen Sachen. Mir passte das ja alles nicht,
weil ich zu klein war."

Das Lager im oldenburgischen Reekenfeld ist eine Ansammlung von Holzbaracken. Auf jeder Stube liegen in sechs
Doppelstockbetten zwölf Mädchen. Für sie gibt es je einen

„Ich sah schrecklich aus!"
Ruth in der Uniform
des Reichsarbeitsdienstes

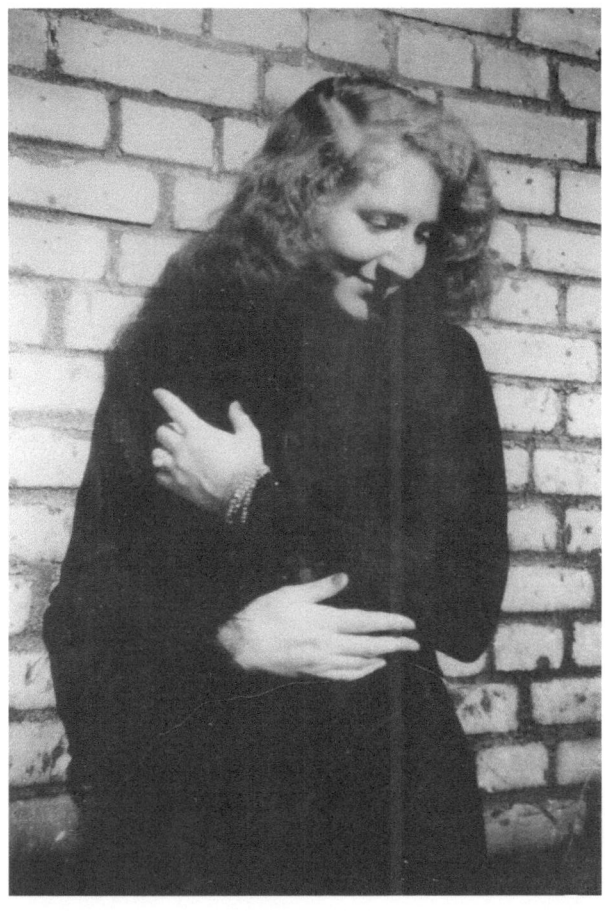

Die Freundin Ingeborg Kahlke
im April 1945

Spind und einen Hocker, auf dem zur Nacht alle Sachen absolut akkurat abgelegt sein müssen. Zum Glück gibt es in Ruths Stube ein Mädchen, das sehr gerne putzt, sodass die Leiterin nichts auszusetzen hat. Die Betten bestehen nur aus Holzlatten und einem blauweiß kariert bezogenen Strohsack. Es ist den Mädchen strengstens untersagt, sich zu zweit in ein Bett zu legen, um erotische Annäherungen zu verhindern. „Was haben wir gemacht?" lacht Ruth Rupp heute: „Wir haben uns zu dritt dort hineingelegt." Damit es den Mädchen in diesen kalten Wintermonaten wenigstens ein bisschen warm wird.

In den Baracken ist es bitterkalt, es zieht durch die Ritzen, und für den Ofen auf der Stube gibt es, wie überall in Deutschland im vierten Kriegswinter, viel zu wenig Briketts. Manchmal besorgen die Mädchen sich unerlaubterweise welche – „Organisieren" heißt das –, damit der kleine Ofen auf dem Zimmer wenigstens etwas mehr Wärme abgibt. Außerdem ziehen sie nach und nach die Latten aus den Betten, um sie zu verfeuern. Bald schon gibt es nur noch drei in jeder Schlafstatt: am Kopf- und Fußende sowie in der Mitte. Natürlich hängen die Strohsäcke durch, und erkältet sind die Leidensgenossinnen trotzdem. Alle klagen über Blasenentzündung, und so müssen sie nachts auch immer noch hinaus in die Kälte, um zur Toilette zu gehen.

Das Regime beim RAD ist soldatisch, die Führerin des Lagers ein glühendes Parteimitglied. Eine dürre Person mit sehr spitzer Nase. Sie wohnt in einer Unterkunft, in der sogar ein Teppich liegt, und lässt sich bedienen. Jeden Morgen wird ihr in aller Frühe, bevor sie selbst aufsteht, der Ofen angefeuert. Einmal stellen die Arbeitsmaiden eine Tischkarte ins Zimmer. Darauf steht: „Du bist nichts, dein Volk ist alles." Eine clevere Spitze gegen die Allüren der Lagerleiterin, denn offiziell kann sie nicht einschreiten. Die Parole ist schließlich allgegenwärtige Nazi-Propaganda. „Aber sie hatte schon verstanden, dass sie damit gemeint war", grinst Ruth Rupp heute. „Irgendwie rächt man sich ja doch immer, wenn eine so fürchterlich ist."

Immer absurder wird das Leben in Reekenfeld. Deutschland zerfällt in Trümmer, aber eine Lagerleiterin lässt sich bedienen und brüllt die Stube zusammen, wenn die Kleidung der Arbeitsmaiden nicht akkurat gefaltet auf dem Hocker liegt. Im Innern des Regimes wird zwanghaft darauf beharrt, dass alles absolut korrekt nach Dienstanweisung zu geschehen habe. Ein hohles Gebaren, eine mühsam aufrechterhaltene Fassade. Nur nicht nach rechts oder links schauen, denn da droht der Abgrund.

Die jungen Mädchen müssen die Lücken füllen, die der Krieg an Arbeitskraft gerissen hat, und bekommen Stellen auf Bauernhöfen zugewiesen, wo die Männer an der Front sind. Jetzt im Winter gibt es keine Arbeit auf dem Feld, sodass zumeist Hausarbeit auf dem Programm steht. Ruth hat besonderes Glück, als sie einer jungen Bauersfrau zugeteilt wird, deren Mann eingezogen wurde. Weil sie gut handarbeiten kann, soll sie der kleinen Tochter ein Kleid häkeln. Einen angenehmeren Dienst gibt es in dieser Zeit nirgendwo.

Doch der Aufenthalt auf dem Bauernhof hat bald ein Ende. Im April 1944 wird Ruth aus dem Arbeitsdienst entlassen und kommt zur Wehrmacht. Als Erstes in eine Scheinwerferstellung in Ostfriesland. „Unser Spruch war: ‚In Aurich is' traurich, in Leer noch viel mehr.' Und doch hat sie wieder großes Glück. Das Essen ist im ganzen Land stark rationiert, aber in Ostfriesland gehen ihr die Augen über. „Wir haben gestaunt, was die Bauern noch an Schätzen hatten, an Essen und Getränken. Das war sensationell. Wenn wir zum Essen eingeladen wurden, gab es Mettwurst und Schinken, wunderbaren Tee und Brot. Das kannten wir überhaupt nicht mehr."

Die Arbeit auf der Scheinwerferstellung ist eher entspannt. Die Aufgabe besteht darin, feindliche Flieger anzustrahlen, damit die Flak sie abschießen kann. Aber Fliegerangriffe gibt es in dieser Zeit nur sehr selten, und so können die Diensthabenden bei gutem Wetter auf der Plattform sogar sonnenbaden. Gutes Essen und ein vergleichsweise angenehmes Leben, ein bisschen ist es wie Ferien. Kurze Zeit später wird Ruth zu einer Scheinwerferstellung ins Alte Land bei Hamburg versetzt. Wenn sie Dienst hat, sitzt sie am Telefon, um Kontakt zu den anderen Stellungen zu halten. Wenn gerade nichts los ist, kommt von dort immer mal die Aufforderung: „Ruth, sing mal." Und dann singt sie den Soldaten am Telefon deutsche Schlager vor: „Roter Mohn" oder „Ich tanze mit dir in den Himmel".

Je länger der Krieg dauert, je mehr die deutschen Armeen an allen Fronten vor dem Druck der Alliierten zurückweichen müssen, umso wilder werden die Verlegungen der verbliebenen Kräfte in Deutschland selbst, umso mehr treibt man die Soldaten und auch die weiblichen Angehörigen der Wehrmacht durchs Land. Es ist ein ständiges Auf-Achse-Sein, immer mit der Bahn. Aus dem Alten Land kommt Ruth nach Rendsburg, von da aus geht es nach Baden bei Wien und dann nach Harburg bei Hamburg, bis sie die letzten Kriegswochen schließlich am Hamburger Flughafen zubringen muss. Immer werden große Gruppen von hier nach dort kommandiert, der Sinn erschließt sich niemandem. „Keine Ahnung, was das sollte", sagt Ruth Rupp heute noch kopfschüttelnd. „Das waren ja große Strecken."

Es ist eine eigentümliche Mischung aus Angst, Neugier und Freude, die auf diesen Reisen herrscht. Prag erlebt die mittlerweile 18-Jährige als tolle Stadt. In Pilsen, wo die Gruppe Aufenthalt hat, wird ihr ein ganzer Krug Bier überm Kopf

Fritz Pohl, der Freund aus
Kindertagen, auf
einem Foto in amerikanischer
Kriegsgefangenschaft

ausgegossen, einfach aus Quatsch. Ein derber Spaß, der das Bedrängende dieser Zeit für einen Augenblick vergessen lässt. Und dann Wien, vom Krieg noch nicht erreicht, mit seiner ganzen Pracht. Gemeinsam fahren die jungen Frauen von der Kaserne in Baden nahe Wien, wo sie stationiert sind, in die große Stadt. Sie erleben, nach zehrenden Kriegsjahren schon reichlich desillusioniert, die Österreicher als immer noch glühende Hitler-Verehrer. Und genießen eine kurze Ahnung vom guten Leben. „Bei uns bekamen wir nur noch das Nötigste zu essen. In Wien dagegen gab es noch Kuchen und weißes Brot, davon konnten wir zu Hause nur träumen. In den Restaurants gab's einen Heurigen. Und dann gingen wir Mädchen in eine Bäckerei und wollten uns etwas kaufen. Die Verkäuferin schaute uns der Reihe nach an, und als Letzte dann mich. Dann fragte sie: ‚G'heert des Zwergl auch zu eich?'" Ruth Rupp mit ihrer kräftigen, gar nicht so zarten Stimme bricht in herzliches Gelächter aus.

Aber nicht nur ihre Lust an schönen Dingen, auch ihr Widerspruchsgeist lebt in Wien auf. Zum ersten Appell müssen die 200 jungen Frauen auf dem Exerzierplatz der Kaserne in Baden antreten, sich hinhocken und werden eine nach der anderen aufgerufen. Dann haben sie aufzustehen und Haltung anzunehmen. Nach einer Weile ist Ruth an der Reihe.

Der Kommandeur: „Rupp!"

Pause.

Lauter: „Rupp!"

Pause.

Brüllen: „Rupp! Nun stehen Sie verdammt noch mal auf!"

Da kommt es mit kräftiger Stimme zurück: „Aber ich steh' ja schon!"

Was der Offizier aufgrund der Körpergröße seiner neuen Untergebenen nicht gesehen hat. Die umstehenden Frauen haben

Mühe, ernst zu bleiben, und eine schließt die selbstbewusste Kleine umgehend in ihr Herz: Ingeborg Kahlke aus Hamburg. Ihrer Freundschaft wird Ruth das Überleben in den letzten Kriegstagen verdanken.

Sie rufen sich mit Nachnamen: „Kahlke" und „Rüppchen". Ingeborg hat eine Vorliebe fürs Widerspenstige, was sie wohl von ihrem Vater geerbt hat, wie die Freundin erzählt: „Der Vater von Kahlke war der einzige Mensch, den ich kannte, der wirklich die ganze Zeit gegen das Nazi-Regime geredet hat, und das nicht nur hinter vorgehaltener Hand. Er sagte konsequent: ‚Ich bin dagegen!' Und: ‚Das wird nicht gutgehen.' Er hatte wahnsinniges Glück, dass er nicht verraten oder angeschwärzt wurde. Ich fand ihn sehr mutig und habe mich aber auch gewundert, dass ihm nichts passiert ist. Die Gefahr, dass einem jederzeit etwas passieren konnte, wenn man ein falsches Wort sagte, war uns ja jederzeit präsent. In einer Diktatur darf man nie sagen, was man denkt, und das weiß auch ein junges Mädchen schon. Man muss konform sein mit dem System oder zumindest so tun als ob. Ich habe nicht selbst erlebt, wie Menschen abgeholt wurden, weil sie zum Beispiel BBC gehört hatten, aber wir wussten genau, dass so etwas passiert."

Spannend findet Ruth es freilich schon, die engen Grenzen der Toleranz ein wenig auszutesten. Als sie in Hamburg stationiert ist, tritt sie eines Morgens mit den so herrlich bunten und kuscheligen Wollhandschuhen an, die ihr Onkel Paul aus Norwegen geschickt hat. Und wird natürlich angebrüllt: „Zurück, marsch, marsch! Handschuhe aus!" Oder sie erscheint, was noch schlimmer ist, mit rotem Pullover zum Dienstbeginn. Noch heute legt sich ein kokettes Grinsen auf ihr Gesicht, wenn sie davon erzählt. „Ja, ich provoziere wirklich ganz gerne solche Leute, die andere in Reih und Glied brüllen. Sonst ist das

Leben ja auch langweilig. Das ist dann so das Salz in der Suppe." Der nachdenkliche Nachsatz: „Aber das konnte ich mir nur erlauben, weil ich ein Mädchen war."

Und so hält sie, als sie an die Flugabwehrkanone gestellt werden soll, dem vorgesetzten Offizier vor die Nase, was Hitler einst gesagt hat: *„Deutschland stellt seine Frauen nicht an die Flak-Geschütze, wie dies auf der Britischen Insel geschieht. Nur eine unvorstellbare nationale Notlage könnte es mit sich bringen, dass die Wehrpflicht mit der Waffe auf die deutsche Frau ausgedehnt wird. Der deutsche Mann müsste dann erst auf kümmerliche Reste ausgerottet sein."*

Immer wieder fragt Ruth sich auch, was eigentlich aus ihr werden soll. „Ich ging nicht zur Schule, ich machte keine Ausbildung. Im Krieg hat man keine Jugend. Das war für mich ja die Zeit, in der ich das Bewusstsein für das Leben bekam. Ja, es war auch manchmal schön und aufregend, aber zugleich fiel ein dunkler Schatten darauf. Wir spürten ja, wie viel Schlimmes passieren konnte, das einen bedrückt, das einen ängstigt. Für einigermaßen kluge Leute war absehbar, dass der Krieg nicht gut ausgehen konnte für uns. Und so lebten wir in einer ganz anderen Welt, mit einem völlig anderen Lebensgefühl, in dem eine Ausbildung keine Rolle spielt. Wir waren so beschäftigt mit dem Überleben, das hat uns komplett in Atem gehalten. Die Welt versank in Trümmern. Äußerlich war vieles zerstört und wurde immer weiter zerstört. Aber es war viel mehr. Es wurde ja auch zerstört, woran wir geglaubt hatten. Ich war ein Kind, als Hitler an die Macht kam, und ich war 19, als der Krieg endlich zu Ende war. Ich bin in dieser Zeit erwachsen und von ihr geprägt worden. Natürlich wollte ich, dass das Leben schön ist, dass sich Träume erfüllen – aber das zerfiel immer mehr. Es wurde nach und nach zerstört."

Ruth kommt manchmal mit jungen Soldaten zusammen, und
da gibt es mal ein Kuscheln oder einen flüchtigen Kuss, aber
nicht mehr. Andere Mädchen beginnen Liebesbeziehungen,
auch aus Verzweiflung. Weil niemand weiß, ob man sich je
wiedersieht. Für Ruth kein Thema. „Nee, ich hatte andere Ideen
im Kopf."

Überleben im Krieg ist Glückssache. Zu Besuch bei ihrer
neuen Freundin Ingeborg Kahlke in der Hamburger Osterstraße, gibt es Fliegeralarm, und alle rennen in den Bunker. Als sie
wieder herauskommen, klafft gegenüber von dem Haus, in dem
die Freundin wohnt, nur noch ein großes Loch. Sie sind dem
Tod nur knapp entronnen. Aber auch das wird auf schreckliche Weise zur Gewohnheit. Es löst keine Erschütterung mehr
aus, allerdings eine Verunsicherung, die langsam die Seele in
Geiselhaft nimmt. Aus dem furchtlosen Mädchen, das einst am
hohen Reck locker die Riesenfelge meisterte, wird eine junge
Frau, die ängstlich auf jedes Geräusch, jede Bewegung reagiert.
Als sie in den letzten Kriegsmonaten in Hamburg an die Kanone gestellt wird, muss sie sich zusammenreißen, um nicht
davonzulaufen. Nachts irrt sie durch das Lager und fragt sich
immer wieder, ob sie nun endlich abhauen soll. Aber das würde
den Tod durch Erschießen bedeuten. Also bleibt sie.

In der Stellung im Hamburger Stadtteil Harburg wird Ruth
im Frühjahr 1945 sehr krank. Sie hat über 40 Fieber, liegt im
Bett und sieht nur noch feurige Räder vor den Augen. Dann
kommt ein heftiger Angriff, und die Kameradinnen zerren sie
aus dem Bett. Den Bunker erreichen sie nicht mehr, sondern
schleppen sich in Erdlöcher, sogenannte Ein-Mann-Löcher.
Die Stellung wird schwer zerstört, und die Bombe, die in die
Küche einschlägt, tötet russische Kriegsgefangene, die dort
zwangsverpflichtet arbeiten.

Gelegentlich gibt es einen Tag dienstfrei, und weil sie mit zu ihrer Freundin Ingeborg in die Osterstraße kann, ist es auch ein Tag, an dem die beiden ein wenig Freiheit atmen können. Da ist es nur allzu verständlich, dass die jungen Frauen ihre Auszeit um einen Tag verlängern – was allerdings ein schweres Vergehen darstellt. Als sie tags drauf wieder in der Stellung erscheinen, müssen sie sofort zum Rapport beim diensthabenden Offizier. Als Angehöriger der Luftwaffe ist er elegant gekleidet und begrüßt sie zunächst mit einem öligen Lächeln. „Ah, da sind ja die Damen." Um sie in der nächsten Sekunde wüst zusammenzubrüllen und seine Pelzmütze nach ihnen zu werfen. „Gut, dass er mich nicht getroffen hat", sagt Ruth Rupp, noch heute erleichtert, „sonst hätte ich die Mütze wohl zurückgepfeffert."

Aber auch so sind die Folgen dramatisch. Beide bekommen drei Tage verschärften Arrest. Für Ingeborg Kahlke bedeutete das drei Tage Zuchthaus, die sie mit schwerkriminellen Frauen in einer Zelle zubringen muss. Ruth hat mehr Glück und wird einer Stellung im Osten Hamburgs überstellt. Der Oberleutnant, der sie dort in den Bau stecken soll, hat Mitleid und teilt sie der Kleiderkammer zu. „Der Offizier ging damit ein großes Risiko ein. Er machte sich ja einer Befehlsverweigerung schuldig. Das war offenbar auch einer, der wusste: Das geht nicht mehr lange gut, dann ist der Spuk vorbei." Dort kleidet die 19-Jährige nun noch Jüngere ein. Den Jungs schlackern die viel zu großen Uniformen um die abgemagerten Körper, die Mützen rutschen ihnen über die Ohren. Aber so klein sie auch sind, werden sie trotzdem an der Panzerfaust ausgebildet, um im „Volkssturm" verheizt zu werden, jenem allerletzten Aufgebot an der Heimatfront. Wer je den Film „Die Brücke" von Bernhard Wicki gesehen hat, wird ihren Schrecken nicht vergessen.

Dass es kein Karrierehindernis ist, junge Frauen kurz vor
Kriegsende wegen lächerlicher Vergehen ins Zuchthaus zu schicken, muss Ruth Jahre später erfahren: Der Offizier, der ihnen
das angetan hat, steigt in Hamburg zu einem renommierten
Rechtsanwalt auf. Seine Todesanzeige aus dem „Hamburger
Abendblatt" hat sie aufbewahrt. Sie kramt sie hervor und erinnert sich gleich noch an den ehemaligen baden-württembergi-
schen Ministerpräsidenten Filbinger, der kurz vor Kriegsende
als Marinerichter noch Todesurteile unterzeichnete. „Was die
gemacht haben, obwohl sie doch wussten, dass der Krieg bald
zu Ende sein würde. Unbegreiflich!"

Auch der eigene Vater kommt nicht gut weg. „Er war auch
einer, der noch im März 1945 davon ausging, dass der Krieg
gut ausgehen würde!" Friedrich Rupp hatte sich zur Luftwaffe
gemeldet, um das Vaterland zu verteidigen, und führte zum
Schluss als Leutnant eine Truppe, bei der die Soldaten reihen-
weise desertierten. Aus Sicht der Tochter nur zu verständlich,
für den unbelehrbaren Preußen ein großes Drama. „Das konnte ich schon damals nicht begreifen! Der hat mich im März 1945,
als ich im Hamburger Stadtpark eingesetzt war, noch besucht.
Saß ganz zusammengekauert auf dem Stuhl, wohin ich gerufen
wurde. Ich war richtig erschrocken, als ich ihn so dasitzen sah.
So ein überzeugter Deutscher, Soldat und Beamter. Der wollte
einfach nicht wahrhaben, dass wir den Krieg längst verloren
hatten."

Deutschland liegt in Trümmern, wie auch die Stadt, in der
sich Vater und Tochter kurz sehen können. Fast 200 Bomben-
angriffe von manchmal mehreren Hundert Flugzeugen haben
Hamburg zerstört. Zehntausende Menschen sind den Bomben
zum Opfer gefallen, von 560.000 Wohnungen sind nur 115.000
unbeschädigt geblieben. Jetzt soll die Stadt zur Festung werden,

um den englischen Truppen bis „zur letzten Patrone" Widerstand zu leisten. So hat es Adolf Hitler angeordnet.

Aber dazu kommt es nicht mehr.

HELLO, BLONDIE

Erste Liebe inmitten von Trümmern

Auf einmal ist es still, ganz still. Keine Sirenen mehr, keine angreifenden Flugzeuge, keine Flak, kein Geschützfeuer, keine Detonationen. Die Straßen sind menschenleer. Keine Straßenbahn fährt, keine Hochbahn. Nur Stille. Zwischen den Trümmern blüht der Flieder und duftet. Es ist der 3. Mai 1945. Seit 13 Uhr herrscht Ausgangsverbot. Über den Rundfunk kommt im Abstand von 15 Minuten die Meldung, dass der Einmarsch der englischen Truppen unmittelbar bevorstehe.

Tags zuvor hat Karl Kaufmann, der Gauleiter von Hamburg, über das Funkhaus an der Rothenbaumchaussee eine Ansprache an die Hamburger senden lassen.

„Hamburger! Nach heldenhaftem Kampf, nach unermüdlicher Arbeit für den deutschen Sieg und unter grenzenlosen Opfern, ist unser Volk dem an Zahl und Material überlegenen Feind ehrenvoll unterlegen. Der Feind schickt sich an, das Reich zu besetzen, und steht vor den Toren unserer Stadt. Verbände der Wehrmacht und des Volkssturms haben sich gegenüber dem vielfach überlegenen Gegner vor unserer Stadt tapfer geschlagen. Unerschütterlich haben die Hamburger an der Front und in der Heimat ihre Pflicht erfüllt. Zäh und unerschüttert nahmt ihr auf euch, was der Krieg von euch forderte (...) Das Schicksal dieses

*Krieges kann nicht mehr gewendet werden. Der Kampf in der
Stadt aber bedeutet ihre sinnlose restlose Vernichtung. Mir gebieten Herz und Gewissen, in klarer Kenntnis der Verhältnisse und
im Bewusstsein meiner Verantwortung, unser Hamburg, seine
Frauen und Kinder vor sinn- und verantwortungsloser Vernichtung zu bewahren. Ich weiß, was ich mit diesem Entschluss auf
mich nehme. (...) Wenn morgen der Feind Hamburg besetzt, ist
dies die schwerste Stunde meines Lebens. Für diese Stunde for-
dere ich von euch Haltung, Würde und Disziplin. Dieser Krieg ist
eine nationale Katastrophe für uns und ein Unglück für Europa.
Mögen dies alle erkennen, die Verantwortung tragen. Gott schüt-
ze unser Volk und unser Reich."*

Ein schwer erträgliches Dokument der Selbstgerechtig-
keit eines Verbrechers gegen die Menschlichkeit, der über die
schwerste Stunde seines Lebens schwadroniert und sich sein
eigenes Heldenlied dichtet – das ist diese Ansprache heute. Damals aber bedeutet sie eine unendliche Erleichterung für die
überlebenden Einwohner der in Trümmern liegenden Stadt.
Kein Kampf mehr in den Straßen, wie ihn Bremen wenige Tage
zuvor erlitten hat. Nach zweitägigen Verhandlungen über die
Übergabe an die Engländer wird Hamburg zur offenen Stadt
erklärt. Für die Metropole an der Elbe ist der Krieg zu Ende.

Ruth und ihre Freundin Ingeborg hören die Ansprache in
der Wohnung der Kahlkes in der Osterstraße 156. Und stehen
trotz Ausgangssperre am nächsten Tag, als die englischen
Truppen einmarschieren, auf dem Balkon im ersten Stock.
Durch die Fruchtallee, eine große Parallelstraße, rücken die
Panzer ein. Plötzlich sehen die beiden einen davon die Osterstraße herauffahren. Einen Panzer mit einem Stern! „Ein
Russe!", fährt es den beiden in die Glieder. Für einen Moment
erfasst sie Panik. „Vor den Russen hatten wir eine wahnsinnige

Angst", erinnert sich Ruth Rupp. „Was wir über sie gehört hatten, wie sie vergewaltigten und mordeten – der Russe war der
böse Feind, vor dem man sich wirklich fürchten musste." Aber
es ist ein weißer Stern, und langsam wird ihnen klar: Das sind
Engländer!

„Es war ein ganz merkwürdiges Gefühl, da auf dem Balkon
zu stehen. Erst der Schreck über den weißen Stern. Und dann
konnten wir gar nicht glauben, dass die Engländer durch die
Osterstraße fuhren. Es waren Freude und Angst, ein kaum zu
beschreibender Mix von Gefühlen. Wir mussten sogar lachen,
aber ich kann nicht sagen warum eigentlich. Eine totale Ge-
fühlsverwirrung. Es war alles so unwirklich. Mit einem Mal
kommt da ein englischer Panzer angefahren. Und ansonsten
diese Ruhe. Das war das Erstaunlichste, dass es auf einmal
still war. Die ganzen Kriegsgeräusche hatten aufgehört. Die
Front war ja schon an der südlichen Stadtgrenze gewesen, und
natürlich hatten wir das auch gehört. Aber dann nichts mehr.
Und dieses herrliche Wetter, Fliederduft inmitten all dieser
Zerstörung."

Dass die junge Frau, drei Wochen zuvor 19 Jahre alt geworden, diesen Tag überhaupt in der Osterstraße erleben kann,
verdankt sie Ingeborgs Eltern. In den letzten Kriegstagen hat
sie einen Urlaubsschein von der Wehrmacht bekommen. Und
weil sie die Adresse der Kahlkes angeben konnte, muss sie jetzt
nach Kriegsende nicht ins Lager, sondern darf bei der Freundin
bleiben.

Eine surreale Atmosphäre prägt die ersten Tage nach dem
3. Mai. Auch weil es so still ist. Die englische Kommandantur hat
ein Ausgangsverbot über die Stadt verhängt. Die Hamburger
hocken in ihren Wohnungen, hören den Sender der britischen
Militärregierung und dürfen nur stundenweise nach draußen,

um Wasser zu holen. Dann gehen sie mit Eimern zu Hydranten im Quartier und schleppen sie gefüllt wieder zurück. Wer keine Vorräte mehr im Haus hat, ist übel dran, aber bei Kahlkes finden sich noch einige Lebensmittel in der Speisekammer. Ein Schatz, der jetzt zum Vorschein kommt: eine Dose Ananas.

„Ich musste mich ganz langsam an das neue Leben gewöhnen", erzählt Ruth Rupp. „Als der Krieg begann, war ich 13, als er endete, war ich 19. Ich konnte mir überhaupt nicht vorstellen, wie ein ganz normales Leben aussehen könnte." Jetzt, wo es nicht mehr ums nackte Überleben geht, wird die Sorge um Eltern und Freunde drängend. Wie geht es ihnen? Leben sie überhaupt noch? Und dann überstürzen sich die Nachrichten aus den KZs. Die englischen Besatzungstruppen, erschüttert von den furchtbaren Zuständen in den befreiten Konzentrationslagern und voller Wut auf das Volk der Täter, präsentieren in den Straßen Hamburgs Bilder von Leichenbergen und von fast zum Skelett abgemagerten befreiten Häftlingen. Sie kleben Plakate an Hauswände und drucken Zeitungen mit den grauenhaften Dokumenten der Unmenschlichkeit. „Davon wurden wir direkt überrollt", erinnert sich Ruth Rupp. „Diese Berge von Leichen habe ich heute noch vor Augen. Die Engländer wollten uns zeigen, was für Verbrecher wir eigentlich waren."

„Das einzige Mal, dass ich von KZ-Häftlingen erfahren habe, war im Januar 1945. Da waren sie am Hamburger Hauptbahnhof im Einsatz, um Schnee zu schaufeln. Ich weiß noch, dass ich ganz verblüfft war von ihrer gestreiften Häftlingskleidung. Aber was nun herauskam, war ein riesiger Schock für mich. ‚Das können doch nicht wir Deutschen gewesen sein', dachte ich." Sie klingt verzweifelt. „Und ich hatte doch wirklich gar nichts getan! Ich hatte gar keine Beziehung zu den Bildern von den Leichenbergen. Ich wusste überhaupt nicht, was das mit mir zu tun haben sollte." Und erregt sich. „Wir hatten doch un-sere Jugend im Krieg verloren und konnten für all das nichts! Eigentlich wären wir zur Tanzstunde gegangen, hätten erste Erfahrungen mit der Liebe gemacht, hätten eine Ausbildung oder ein Studium begonnen – und jetzt diese Verurteilung durch die Engländer! Das empfand ich als zutiefst ungerecht. Wir fühlten uns nicht schuldig, weil wir nichts verbrochen hat-ten, wurden aber an den Pranger gestellt."

Es ist diese Klarheit in der Haltung, die Ruth Rupps Wesen ausmacht und von der Ulrich Tukur heute so fasziniert ist. „Ich habe alten Menschen immer wieder Fragen nach der Zeit ge-stellt, in der sie aufwuchsen, nach der Zeit des Nationalsozialis-mus und des Krieges", erzählt er. „Viele reden nicht. Das Wissen um den Holocaust und die Schrecken des Krieges hat sie stumm gemacht. Wenn ich sie fragte, dachten sie wohl, ich wollte sie angreifen. Ruth nicht. Von ihr bekommt man Antworten. Sie hat es erlebt und erzählt davon frei und lebendig und unideolo-gisch." Natürlich weiß sie um die Verantwortung der Deutschen für die Verbrechen der Nazizeit, aber eine persönliche Schuld lehnt sie ab.

Und so empfindet sie den Einmarsch der Alliierten im Mai 1945 auch nicht als Befreiung, die Engländer nicht als Befreier. Diese plakatieren in Hamburg, dass die Alliierten Deutschland die nächsten 50 Jahre besetzen würden. „50 Jahre!", ruft Ruth Rupp aus. „Natürlich wusste ich, dass Deutschland durch die Alliierten vom Regime der Nazis befreit wurde – aber damals fühlte es sich völlig anders an!" Freiheit? Welche Freiheit? „Für mich wurde erst einmal ein Regime durch das andere ersetzt. Ich war vorher rumkommandiert worden, und jetzt ging es so weiter." Sie erlebt die englischen Soldaten als stur und abwei-send, ganz anders als die amerikanischen ein paar Wochen

Eine Erinnerung an Thomas aus Texas,
Ruth Rupps erste Liebe. Ihr sieht
man in jener Zeit die Strapazen des
Krieges an.

später. Und will am liebsten auswandern. „Wir haben fast alle ans Auswandern gedacht. In Deutschland war alles kaputt. In Hamburg waren ja ganze Stadtviertel komplett zerstört – wie sollte hier eine Zukunft aussehen? Ich wollte nur weg! Auch deswegen haben viele junge Mädchen Soldaten geheiratet, um aus Deutschland wegzukönnen. Ihre Hoffnungen haben sich allerdings längst nicht immer erfüllt, wie ich von einer Freundin aus Bremen-Vegesack weiß."

So schnell es geht, will Ruth zurück nach Bremen. Auch weil es in Hamburg kaum etwas zu essen gibt – erste Vorboten der großen Hungersnot, die schon bald in Deutschland herrschen wird. Doch um in den amerikanischen Sektor und nach Bremen zu kommen, muss sie die Elbbrücken passieren dürfen. Und dafür braucht sie einen sogenannten Befreiungsschein, auf den sie einige Wochen warten muss. Im Juli ist es endlich so weit. Mit der Bahn geht es nach Bremen. Sieben Stunden dauert die Fahrt im offenen Kohlenzug, und es regnet. Schwarz wie ein Schornsteinfeger, aber feldmarschmäßig wie zu Kriegszeiten kommt sie am Hauptbahnhof an – mit Tornister und Stahlhelm, Essgeschirr und Wolldecke. Der Bahnbeamte begrüßt sie mit den Worten: „Wo will denn das ganze Gepäck mit dem kleinen Mädchen hin?"

Weiter geht es mit der Regionalbahn nach Vegesack. Der etwa 20 Kilometer vom Bremer Zentrum gelegene Vorort ist nur wenig zerstört. Weil man dort noch recht gut leben kann, haben die amerikanischen Truppen die meisten Häuser beschlagnahmt. Als Ruth Rupp zu Hause ankommt, steht sie vor einem 1,50 Meter hohen Zaun mit Elektrodraht. Dahinter das Wohnhaus der Rupps und das Nachbarhaus, als einziges nicht von Amerikanern bewohnt. Um ins Haus zu kommen, braucht man einen Ausweis, den die junge Frau natürlich nicht hat. Kein Problem, finden die Posten, die dort Wache schieben. Sie begrüßen sie mit einem fröhlichen „Hello Blondie" und heben sie über den Zaun. Ein beschwingter Moment, vor allem im Vergleich zu den Erlebnissen mit den Engländern. Und die junge Frau ist überglücklich, dass sie endlich wieder zu Hause ist, dass alle drei noch leben. Nun wohnen sie in angenehmer Nachbarschaft, Tür an Tür mit den Amerikanern, die eher locker drauf sind. Die Wachhabenden sitzen im Liegestuhl vor ihrem Posten, die offene Cola-Flasche daneben. Ein entspanntes Bild eigentlich, aber Friedrich Rupp findet's empörend: ein Soldat in dieser Haltung ...

Es ist ein schöner Sommer, und es ist so herrlich, wieder zu Hause zu sein. Endlich wieder Klavier spielen und singen! Bei schönem Wetter stehen die Fenster der Erdgeschosswohnung offen, und so findet sich eines Abends ein GI vorm Fenster ein und legt seinen Kopf aufs Fensterbrett, um den Liedern aus nächster Nähe zu lauschen. Thomas heißt er, stammt aus Austin in Texas und ist ein sanftmütiger Mensch Anfang 20. Er vermisst seine Heimat sehr, und seine Melancholie findet die Sängerin überaus anziehend. An diesem schönen Sommerabend im August gehen sie zu zweit die 97 Stufen zum Weserstrand hinunter. Thomas setzt sich auf einen großen Stein, und die beiden vertiefen sich ins Gespräch. Später am Abend kommt es dann zu einem vorsichtigen ersten Kuss.

„Für mich war die Zeit mit 19 aber auch reif", sagt Ruth Rupp heute. „Bei der Wehrmacht hatte ich wirklich keinen Sinn für Männer, aber irgendwann ist man dann ja so weit. Obgleich ich mir vorgenommen hatte, nichts mit einem Amerikaner anzufangen. Das gab es häufig in jener Zeit, viele Amerikaner hatten eine deutsche Freundin. Aber dann hat sich eben doch eine schöne Liebesbeziehung zwischen Thomas und mir entwickelt.

Das waren meine ersten Erfahrungen mit einem Mann, und die waren wunderbar. Dafür bin ich sehr dankbar. Das ging über einige Monate, bis er wieder aus der Army entlassen wurde und nach Hause flog."

Es sind romantische Momente des Glücks in einer ansonsten harten Zeit. Das Konto der Eltern ist gesperrt, die Familie muss von einer zugeteilten Summe leben. Um Lebensmittelmarken zu bekommen, wird Ruth in Bremen gleich wieder dienstverpflichtet, wie vorher unter den Nazis, nur jetzt vom Arbeitsamt. Sonst bekäme sie nichts zu essen. Ein ganzes Jahr verrichtet sie harte Drecksarbeit in einem Werk für Schiffstaue – eine Tätigkeit, von der die junge Frau sehr stark schmerzende Furunkel in der Haut bekommt. Dazu wird der Hunger immer drängender. „Der Krieg war zu Ende", erinnert sie sich, „aber nichts war gut."

Mit dem Abstand von mehr als 70 Jahren zieht die heute 91-Jährige allerdings ein ganz anderes Resümee. Nachdenklich sitzt sie auf ihrem Sofa und sinniert, wie sehr diese Zeit sie geprägt hat, wie viel sie davon auch profitieren konnte. „Ich habe im Krieg und in der Nachkriegszeit gelernt, Situationen, in die ich völlig unvorbereitet kam, zu meistern. Das lernte man oder ging unter. Das wirkt bis heute nach. Wenn ich heute irgendwelche Schwierigkeiten erlebe, dann beruhige ich mich ganz schnell wieder und sage mir: Rupp, du schaffst das schon. Das funktioniert eigentlich immer. Ich habe mir diese Schule des Lebens wirklich nicht gewünscht, aber von ihren Lektionen habe ich mein Leben lang profitiert. Ich weiß, so schnell bringt mich nichts um. Dieses Vertrauen ist in jener Zeit begründet worden. Diese Erfahrungen, die ich da machen musste – nichts davon war ja freiwillig! –, haben sich in meinem ganzen Leben ausgezahlt. Ich erschrecke über vieles gar nicht, wo Jüngere denken, oh Gott, jetzt geht die Welt unter. Hier bei mir im Haus wohnte ein junges Ehepaar mit einem kleinen Kind, das völlig aufgelöst war, als mit einem Mal spätabends alles im Dunkeln lag, weil bei uns der Strom ausgefallen war. Die klopften bei mir aufgeregt an die Tür, voller Sorge, was denn nun passiert sei. Ich musste schon ein bisschen lachen über ihre Aufregung, aber irgendwie war es ja auch rührend. Wir sind heute so verwöhnt. Ich dagegen erlebe vieles immer noch als Geschenk. Wer als 18-jähriges Mädchen an der Kanone stehen musste, um den Feind abzuschießen, der kann das Leben vielleicht ein bisschen mehr genießen." Ein nachdenklicher Blick. „Aber es ist, ich will ehrlich sein, auch das einzig Positive an jener Zeit."

Deswegen, sagt sie, könne man dankbar sein, wenn man erst nach dem Krieg auf die Welt gekommen sei. „Ich ärgere mich auch, wenn Menschen, die nach dem Krieg geboren wurden, sich aufgerufen fühlen, Urteile über diese Zeit zu fällen. Warum habt ihr das gemacht, warum jenes nicht, warum habt ihr euch nicht aufgelehnt – diese Leute, die in einer Demokratie aufgewachsen sind, können sich nicht vorstellen, wie es in der Diktatur war und danach unter der Besatzung. Und erst recht nicht, wie es im Krieg war!"

Wie ergeht es Menschen, die heute einen Krieg oder Bürgerkrieg ertragen müssen? Ruth Rupp ist voller Mitgefühl und Sorge.

„Den Krieg kann man nur aushalten, wenn man sich von Gefühlen abschneidet, wenn man abstumpft. Es gibt Menschen, die daran seelisch zugrunde gegangen sind. Ich habe das zum Glück ganz gut überstanden, auch meine Mutter und meine Klassenkameradinnen von damals. Aber es gab eine Freundin, die von ihrem Vater, nachdem er aus der Gefangenschaft zurückgekommen war, immer wieder brutal geschlagen wurde.

Vielleicht reagieren Männer anders als Frauen. Die meisten Männer konnten über ihre Erlebnisse im Krieg ja auch nicht sprechen. Und diese Mauer des Schweigens ist dann ein Hindernis für ein ganzes Leben."

DAS ERWACHEN IN DER MUSIK

Hunger der Nachkriegsjahre und Beethovens Macht

Der Krieg ist endlich zu Ende, aber das Leiden und Sterben in Deutschland geht weiter. Der Wiederaufbau kommt nur sehr schleppend voran, der Sommer 1946 ist heiß und trocken, der darauf folgende Winter einer der kältesten des 20. Jahrhunderts. Schon im November fällt das Thermometer unter null Grad, im Januar zeigt es Rekorde von minus 30 Grad. Zur Jahreswende 1946/47 hält der Kölner Erzbischof Joseph Kardinal Frings seine berühmt gewordene Silvesterpredigt, in der er dem Mundraub seinen Segen gibt: *„Wir leben in Zeiten, da in der Not auch der Einzelne das wird nehmen dürfen, was er zur Erhaltung seines Lebens und seiner Gesundheit notwendig hat, wenn er es auf andere Weise durch seine Arbeit oder durch Bitten nicht erlangen kann"*, sagt er. „Fringsen" heißt es von nun an, wenn man Essen oder Kohlen organisiert – also: klaut.

Für Friedrich Rupp kommt diese Absolution zu spät. Als Beamter unter den Nazis Mitglied in der NSDAP geworden, muss er nach Kriegsende entnazifiziert werden. Das dauert etwa zwei Jahre, und so lange ist sein Gehalt gesperrt. Die Familie bekommt nur eine kleine Summe ausgezahlt, die kaum zum Überleben reicht. Weil Friedrich Rupp aber nicht tatenlos herumsitzen will, nimmt er eine Stelle als Wachmann in der Bremer Wollkämmerei an. Dort werden die Proviantschiffe der Amerikaner gelöscht. Vieles aus der kostbaren Ladung wird verschoben, woran sich der überkorrekte Beamte schon aus Prinzip nicht beteiligt. Als aber aus einer Kiste ein paar Kekse herausfallen, hebt er sie auf und isst einen davon. Und wird dabei von einem amerikanischen Offizier beobachtet. Anders als die meisten GIs ist dieser den Deutschen gegenüber feindselig eingestellt – und bringt Friedrich Rupp vor Gericht. Ein Jahr Zuchthaus lautet das drastische Urteil, abzuleisten beim Torfstechen im Teufelsmoor nördlich von Bremen.

„Das hat ihn fast umgebracht", sagt seine Tochter mit weicher Stimme. „Und es hat ihm auch einen Knacks gegeben. Er hat nie wirklich verwunden, wegen einiger Kekse ins Zuchthaus zu kommen, ein so grundehrlicher Mann." Sie erinnert sich gut an den Tag seiner Heimkehr. „Ich kam nach Hause und sah ein ganz schmales Männchen auf dem Sessel sitzen. Das war mein Vater, dieser einst kraftstrotzende Mann." Weil er Wasser in den Beinen und Hungerödeme hat, bekommt er vom Arzt eine zusätzliche Essensration verschrieben: einen Viertelliter Magermilch und 20 Gramm Butter – pro Woche. Die Familie hungert, und so fährt er mit letzter Kraft zu den Bauern ins Bremer Umland, um dort Arbeit zu suchen. Er hat Glück und findet eine Bauersfrau, die Mitgefühl hat und ihm zu tun gibt. Wenn er dort abends zu Bett geht, kann er die Schuhe nicht ausziehen, weil das Wasser in seinen Beinen die Füße so stark hat anschwellen lassen. Daraufhin legt er ein Tuch auf die Laken, um sie nicht schmutzig zu machen, und schläft in voller Montur. Als Lohn bekommt er Nahrungsmittel und schnallt sich, wenn er am Bremer Bahnhof ankommt, den Rucksack auf den Bauch. Nur so schafft er es überhaupt die Treppen hinauf. „Dafür habe ich ihn sehr bewundert", sagt die Tochter heute.

Eine trostlose Zeit. Auf dem Schwarzmarkt im Wartesaal Zweiter Klasse des Bremer Bahnhofs tauschen Ruth und ihre Freundin Hanna Hustedt (woher die beiden sich kennen, wird noch erzählt) Lebensmittelmarken gegen ein Brot oder einen Hering. „Ich seh uns noch, wie wir uns Am Wall, wo das Theater war, irgendwo hingehockt haben, um eine Scheibe trockenes Brot zu essen, damit wir etwas im Magen hatten." Aber sie ist noch jung und hat etwas zuzusetzen. Anders die Mutter. „Ich erinnere mich an einen Moment zu Hause, als meine Mutter in der Küchentür stand und sich so eigentümlich am Türrahmen scheuerte. Ich dachte noch, was macht die denn da Seltsames, da sank sie zusammen. Völlig entkräftet." An manchen Tagen im Winter 46/47 ist es so kalt in der Wohnung, dass selbst Handschuhe im Bett nicht mehr wärmen und die Bettdecke steif gefroren ist, wo der Atem sie getroffen hat.

Sind Kälte und Hunger die gerechte Strafe für den Krieg und die Kriegsverbrechen? „Darüber habe ich nicht nachgedacht. Es ging einfach darum, diesen Tag zu überleben." Und dann den nächsten Tag. Und dann den nächsten.

Schließlich wendet sich das Schicksal. Ruths Onkel Paul, der Bruder von Hedwig Rupp, kehrt aus Norwegen zurück. Er hat ein ganz anderes Naturell als ihr Mann und stellt sich sofort mit den Amerikanern gut, die nebenan wohnen. Paul verdingt sich bei deren Koch als Hilfskraft in der Küche und bringt abends echte Schätze mit nach Hause: Mettwürste, in den Ärmeln der Jacke versteckt. Mettwürste! Es ist ein Fest.

Und endlich kann Ruth auch ihrer wahren Leidenschaft frönen: der Musik. Nach einem Jahr, das sie mit der Schufterei in der Tauwerkfabrik zugebracht hat, schreibt sie dem Direktor des Arbeitsamtes einen langen Brief: dass es ihr Traum sei, Musik zu studieren, ihr größter Wunsch und ihre wahre Begabung. Der Direktor, erstaunlich genug, reagiert. Er hebt ihre Dienstverpflichtung auf. Sie ist 21 Jahre alt und kann endlich machen, wovon sie schon immer geträumt hat – Gesang studieren.

Wie schon die erste Liebe mit dem GI Thomas kommt das Glück abermals zum Fenster herein. Ein Musiker namens Carl Puls, zuvor Cellist im Leipziger Symphonieorchester, hört Ruth singen, als er seinen Bruder besucht. Der wohnt schräg gegenüber und ist Klarinettist. Beide spielen in amerikanischen Clubs, um sich Geld und Zigaretten zu verdienen – eine Stange Zigaretten ist in diesen Jahren die härteste Währung. Carl Puls bringt Ruth mit Hanna Hustedt zusammen. Sie wird eine lebenslange Freundin bleiben und heiratet später sogar Fritz Pohl, Ruths Freund aus Kindertagen. Die beiden gehen zunächst zur selben Gesangslehrerin. Weil der Vater nach seiner Entnazifizierung nun wieder Gehalt und als Beamter bis zum 27. Geburtstag der Tochter einen Zuschuss für sie bekommt, kann sich die junge Sängerin ganz aufs Studium konzentrieren. Kurz ist sie auf einer Gesangsschule, die Opernsängerinnen ausbildet. „Da war ich ganz fehl am Platz, denn mit meiner Statur eignete ich mich überhaupt nicht für das damalige Idealbild einer Opernsängerin." Und so kommt sie zu Cäcilie Bethke-Bulling, die sie zur Liedersängerin formt, was am besten zu ihrem lyrischen Sopran passt. Schuberts „Du bist die Ruh'" ist eines ihrer Lieblingslieder, ebenso „Das Veilchen" von Mozart. Das Romantische liegt ihr sehr.

Jetzt öffnet sich die Welt, öffnet sich eine Zukunft für die junge Frau. „Meine Genesung nach dem Krieg habe ich der Musik zu verdanken. Das Studium, die wunderbaren Hauskonzerte, die wir gemacht haben – das war meine Befreiung. Wir alle hatten einen unglaublichen Hunger nach Musik, nach Kultur. Wir waren voller Ideale. Es war eine wunderbare Aufbruchsstimmung. Uns kam endlich ins Bewusstsein, dass nun wirklich kein Krieg mehr war, dass wir Möglichkeiten hatten, die uns vorher verschlossen gewesen waren. Vorher mussten wir ja immer nur gehorchen. Und jetzt konnten wir selbst entscheiden und uns frei einer Sache hingeben. Etwas verwirklichen! Dieses Gefühl entwickelte sich langsam im Jahr 1947. Ich erinnere mich sehr gerne daran, wenn ich auf mein Leben zurückschaue. Mit all den Menschen, die ich kennengelernt habe: Es war eine unglaublich kreative Zeit. Sie war übervoll mit positiven Erlebnissen. Alles hatte einen Sinn, und es ging weiter. Wir hatten endlich das Gefühl, wir können leben!"

Im vollen Pathos dieses neuen Lebensgefühls schreibt Ruth im Mai jenes Jahres einen Text, den sie „Das Erwachen" nennt.

„O Dunkelheit, in der du lebtest! Noch warst du nicht sehend und glaubtest doch schon, du wärest erwacht! Da erleuchtete dich göttlicher Geist und schenkte dir Kraft, auf dass du sehend würdest, denn drückend war die Finsternis. Du stehst da geladen mit Spannung, und wie Blitze zuckt es aus dir heraus. Schreien möchtest du: ‚Halt ein', denn wie mit tausend Händen reißt es an dir. Doch plötzlich umleuchtet dich hellstes Sonnenlicht, du spürst eine gottselige Befreiung, das Erwachen. Vorher schon trugst du den Traum vom Leben in dir. Eine ganze Welt lag in dir beschlossen. Doch da du erwacht bist, stürzt das Leben mit einer großen Gewalt auf dich ein. Kaum kannst du dich seiner erwehren, und wie im Taumel schreitest du dahin."

Was ist geschehen?

Ganz in der Nähe der Familie Rupp, in einer mit Villen gesäumten Straße direkt an der Weser, wohnt ein Mann namens

Frühe Erfolge als Sängerin.
Eines ihrer Liebslingslieder, passend
zur Zeit: „An die Hoffnung"

Jakob Herrmann mit seiner Frau. Er hat vor dem Krieg in Thüringen Musik studiert, ist Pianist, Dirigent, Komponist – und von der Hüfte abwärts gelähmt. Im Krieg als Trompeter eingesetzt, ist er eines Tages in Frankreich durch einen Fluss und eine brennende Stadt geritten – und am nächsten Morgen reglos zusammengebrochen. Seither ist er auf den Rollstuhl angewiesen. Aufstehen und eingehakt ein paar Schritte gehen kann er, ebenso den rechten Unterschenkel samt Fuß bewegen. Somit ist er noch in der Lage, das Pedal am Klavier zu bedienen. Ein unglaubliches Glück, das ihm womöglich das Leben rettet: Bei Kriegsende ist er mit seiner Frau Anneliese in Ostpreußen gestrandet, muss von dort quer durch das besetzte Land im Handkarren nach Bremen gezogen werden, wo sein Vater lebt. Wiederholt stellen sich russische Soldaten dem Paar in den Weg, doch immer wieder kann er sie mit seinem wunderbaren Klavierspiel besänftigen.

Wie lernt Ruth ihn kennen? Wir kennen das schon: durch ihren Gesang. Anneliese Herrmann hört sie durchs offene Fenster und lädt sie ein. Sie singt bei Jakob Herrmann vor – und ihr Leben verändert sich von Grund auf.

„Als ich ihn kennenlernte, hatte er noch einen Rollstuhl, mit dem er nur in Haus und Garten herumgefahren werden konnte. Er war damit total abgeschnitten von der Welt. Seine Frau Anneliese, sehr hübsch und temperamentvoll, litt sehr darunter. Er hatte, als sie ihn kennenlernte und heiratete, eine große Zukunft als Musiker und Dirigent vor sich, aber das war durch die Lähmung zunichte gemacht worden. Sie kam damit nicht zurecht, mochte mit ihm nicht auf die Straße gehen. Und nun kam ich. Ich führte Jakob Herrmann zurück ins Leben. Er bekam einen neuen Rollstuhl, den er selbst bedienen konnte, und ich fuhr mit ihm durch die ganze Gegend. Er war ein lebenslustiger Mann, trank auch gerne mal einen, und wir sind zusammen in allen möglichen Kneipen gelandet. Die Menschen, die uns dabei sahen, hielten mich für seine Frau."

In der 21 Jahre alten Gesangsstudentin hat Jakob Herrmann einen Menschen gefunden, der ihm zuhört, auf ihn eingeht, ihn versteht. Und die Studentin einen großartigen Pianisten, der ihr die gesamte Klavierliteratur vorspielt: sämtliche Beethoven-Sonaten sowie alles von Bach, Schubert und Chopin. „Ich konnte all diese wunderbare Musik in privaten Konzerten genießen, ganz nah bei ihm am Flügel, im großen Wohnzimmer der Wohnung. Jakob Herrmann war ein Titan. Es öffnete sich ein Raum, der mit Worten nicht zu beschreiben ist. Musik ist eine Sprache an sich und die wunderbarste Sprache überhaupt. Ein Schlüsselerlebnis war für mich, als er mir die drei letzten Beethoven-Sonaten vorspielte. Opus 111, das sich zum Ende hin in Sphären verliert, hat mich unglaublich beeindruckt und mein ganzes Leben auf den Kopf gestellt. Ich bin mindestens eine Woche danach wie in Trance gewesen und war nicht auf dieser Welt. Es war zum ersten Mal, dass ich das Gefühl in mir hatte, dass ich jetzt richtig „ICH" war. Als wenn ich vorher zwar irgendwie auch gelebt hatte, aber nie mir meiner selbst bewusst geworden war. Ein unglaublich starkes Erlebnis, eine Erweckung. Ich bin wach geworden und wusste auf einmal: Ich bin ICH."

In „Das Erwachen" schreibt sie: „*Du Wunder meiner Seele, wie beglückend spürst du den Zusammenklang. Es strömt durch dich hindurch, dies ewige Gefühl der Liebe. Es hat dich verzaubert, und du lässt dich ganz von ihm gefangen nehmen.*"

Eine starke Verbindung entsteht. „Es war, als hätte er auf mich gewartet. Als ich ihn kennenlernte, lebte er wie eine blasse Blume im Treibhaus, kam nicht aus dem Haus und unter Menschen. Ich habe dann fast alles für ihn gemacht, weil seine Frau dazu entweder nicht bereit oder in der Lage war. Die Menschen mussten zu ihm kommen. Und so kam eben ich." Jakob Herrmann schöpft wieder Lebensmut und gründet den Aumunder Kirchenchor. Er schreibt Soli für Ruth. Gemeinsam veranstalten sie Konzerte, manche werden sogar im Rundfunk übertragen. Bei einer dieser Gelegenheiten lernt die junge Sängerin das wunderbare Gefühl kennen, oben auf der Empore einer Kirche zu stehen und mit der eigenen Stimme den ganzen Raum zu füllen.

Immer wieder veranstaltet Jakob Herrmann Hauskonzerte, weil seine Wohnung genug Platz dafür bietet. Manchmal ist auch Ruths ehemalige Musiklehrerin aus der Oberschule in Vegesack anwesend. Ihr kommen die Tränen, als ihre einstige Schülerin „An die Hoffnung" singt und den „Wachtelschlag" von Beethoven, ihre Paradestücke. So berührt ist sie, was diese Ruth Rupp mit ihrer Stimme auszudrücken vermag. Damit ist sie nicht alleine. „Dieses kleine Persönchen wird bestimmt mal von sich reden machen", schreibt ein Rezensent im Feuilleton des „Weser-Kurier".

Doch nicht nur die Musik verbindet das ungleiche Paares, das keines sein kann. Nach einiger Zeit bekommt Jakob Herrmann einen Selbstfahrer-Rollstuhl, und nun erobern sie die Welt um sich herum. Morgens gegen zehn fährt Herrmann aus der Weserstraße, wo die eindrucksvollen Villen stehen, einmal um die Ecke zu den Rupps in die Sandstraße und betätigt die Klingel an seinem Gefährt. Das ist das Signal für Ruth. „Und dann landstreicherten wir durch die Gegend, bevorzugt in die Natur, kehrten mittags oder zum Kaffee ein, wo er für mich Apfelkuchen mit Sahne bestellte. Etliche Tage haben wir so miteinander verbracht und wunderbare Gespräche geführt.

Er hat mir die Welt erklärt, wie das Wetter entsteht und vieles, vieles andere."

Doch es ist eine Liebe, die sich nicht erfüllen kann. Zwei andere Männer werben heftig um Ruth. Der eine ist Sänger im Bremer Opernchor, ein lebhafter, sympathischer Mensch und sehr verliebt. Der andere ist ihr entfernter Cousin Otto. Seine Mutter und Hedwig Rupp sind Cousinen, er und seine Schwester die Einzigen aus der Familie, die den Krieg überlebt haben. Er kommt aus französischer Gefangenschaft zu den Rupps – und lebt nun Wand an Wand mit dieser jungen Frau. „Das war fast ein bisschen dramatisch", erzählt Ruth Rupp, „aber ich wollte diese Beziehung auf keinen Fall. Meine Mutter hat Otto dann irgendwann auf ihre rustikale Art zurechtgewiesen: ‚Ich will hier nicht später mit zwei alten Männern sitzen, mit meinem eigenen Mann und mit dir. Und nun sieh zu, dass du eine Frau findest.' Hat er dann auch."

Nein, andere Männer kommen für Ruth nicht infrage. Jakob Herrmann ist ihr unendlich viel wichtiger, als eine Ehe einzugehen und eine Familie zu gründen. Auch wenn sich ihre Herzensverbindung nur in der Musik, nicht in der Liebe erfüllen kann. Und das über mehrere Jahre. „Natürlich hätte ich ein Leben beginnen können, wie es viele Menschen leben, mit Familie und allem Drumherum in einem" – sie zögert, aber nur einen Moment – „Spießerleben. Aber das gab es bei mir eben nicht. Mein Erlebnis mit Jakob Herrmann hat mein ganzes Leben auf den Kopf gestellt. Es war für mich so unglaublich wichtig, dass alles andere zweitrangig blieb."

Es ist eine Entscheidung mit weitreichenden Folgen. „So habe ich nie geheiratet und keine eigenen Kinder bekommen, was sonst wohl total anders gelaufen wäre. Ein junges Mädchen in normalen Zeiten wäre zur Tanzstunde gegangen, hätte einen jungen Mann kennengelernt und wäre dann irgendwann ins eigene Häuschen gezogen. Aber ich bedauere meinen Weg überhaupt nicht, in keiner Weise." Ruth Rupp mit allem Nachdruck: „Denn was hätte ich versäumt! Mir sind immer wieder Menschen über den Weg gelaufen, bei denen eben nicht im Vordergrund stand, dass ich mich auf immer an sie binden würde. Sondern dass etwas völlig Neues entsteht, dass diese Menschen für eine jeweilige Zeit in meinem Leben eine besondere Bedeutung hatten. Es waren immer wieder Neuanfänge. Und alles machte Sinn!"

Es ist eine bunte, feierfreudige Zeit, vor allem dank des Kirchenchors, der 25 bis 30 Mitglieder umfasst. Auch Friedrich Rupp kommt dazu. Er kann nicht nur schön singen, sondern ist auch einer der Männer, die Jakob Herrmann immer auf die Kirchenempore tragen. Und natürlich feiert Friedrich Rupp gerne, wie alle Sängerinnen und Sänger. Sie machen Ausfahrten und geben Hauskonzerte, später auch im Erdgeschoss der Villa von Schokoladenfabrikant Hachez, die Jakob Herrmann zur Verfügung gestellt wird. Das herrschaftliche Haus beeindruckt mit gewaltigen Räumen und einem großes Musikzimmer, das sich zum Kaminsaal öffnet.

„Dort haben wir mit dem ganzen Kirchenchor gefeiert, denn alle passten hinein. Ich konnte viel vertragen und war noch munter, wenn manche Männer schon unterm Tisch lagen", offenbart Ruth Rupp mit einem koketten Lächeln. „Da haben wir bis morgens gefeiert, und ich habe dann schon wieder angefangen klar Schiff zu machen, wenn auf allen Sesseln und Sofas noch Leute hingen und schliefen." So wird die Sängertruppe am Ort schon bald „Aumunder Sünderchor" genannt.

Der sehr belesene Jakob Herrmann ist ein großer Rilke-Verehrer. Und wie es der Zufall will, ist Ruths Gesangslehrerin

Cäcilie Bethke-Bulling mit Clara Rilke befreundet, die in Fischerhude bei Worpswede wohnt. „Die lernte ich auch kennen, weil wir dort gelegentlich Hauskonzerte gaben, und ich besuchte sie einmal im Sommer. Hinter dem Haus floss ein kleiner Bach, an dem Vergissmeinnicht blühten. Davon brachte ich Jakob Herrmann dann einen Strauß mit – als Gruß von Clara Rilke, der Frau des Mannes, den er so verehrte", erzählt Ruth Rupp.

Anneliese Herrmann bleibt die innige Beziehung der beiden natürlich nicht verborgen. Sie weiß, dass die junge Sängerin oft für Jakobs Frau gehalten wird, aber sie akzeptiert sie gleichsam als Nebenfrau. „Ich habe ihr viel abgenommen, was nach landläufigem Verständnis wohl ihre Pflicht gewesen wäre. Es hat sie wohl entlastet, und es gab ihr die Freiheit, andere Kontakte zu pflegen. Sie war ja nicht ohne ..."

Über der Verbindung von Ruth Rupp zu Jakob Herrmann liegt ein großer Schmerz. Es kommt der Moment, da wird der jungen Frau klar, dass es so nicht ewig weitergehen kann. Trotz aller Seelenverbundenheit sehnt sie sich nach einer Liebe, die sie ganz ausleben kann. „Ich wusste irgendwann: So kannst du nicht ewig weiterleben. Denn es gab eben keine Erfüllung in dieser Liebe, und ich war jung und wollte auch das erleben." Und da tritt ein schöner Jüngling in ihr Leben: Gregor, ebenfalls Pianist, ist 16 Jahre alt, als sie ihn kennenlernt. Die beiden verlieben sich. Und als er drei Jahre später sein Musikstudium in Hamburg beginnt, folgt sie ihm.

Ruths Weggang von Bremen ist ein schwerer Schritt, zurück bleibt ein wehmütiger Jakob Herrmann. Welche Kraft, welche Bedeutung dieser unerfüllten Liebe innewohnt, drückt nichts schöner aus als der Brief vom 11.4.1954, den er ihr zum 28. Geburtstag schreibt. Da wohnt sie schon in Hamburg.

Jakob Herrmann (links im Bild)
mit seiner Familie

„Wenn ich der Zeit gedenke, da Sie noch hier waren, so ist viel dankbare Empfindung damit verknüpft. Viel dankbarer, als ich sie je äußerlich von Mensch zu Mensch hätte zeigen können. Denn ein Künstler wird schon in der Jugend ein verschlossener Mensch sein, da er sonst in einer Welt der Nüchternheit und des Handelns nach der Zweckmäßigkeit nicht mehr die Luft zum Leben hätte. So wandern meine Gedanken an viele Punkte dieser meiner Lebensspanne, angefangen, als ich Ihnen die As-Dur-Beethoven-Sonate vorspielte und Ihre Gedichte vertonte bis zu den so wunderschönen Sommerabenden im lichtdurchschrägten Wald in Bruhndorf. Auch weiß ich es wohl zu schätzen, dass Sie lieber Mensch im Grunde genommen allein auf der Welt sind, der meine Kunst erleben kann. Wie manches Gespräch kommt mir wieder in den Sinn, wenn wir die Landstraßen außerhalb der Zivilisation landstreicherten, wenn wir gemeinsam eines Sinnes wurden und ich so viel aus Ihrem Gespräch auf Ihren Menschen schließen konnte. Immer wieder fast erschüttert, in Ihnen wahre Güte und eine tiefe, schöne Seele zu finden, die mir oft, mehr als Sie ahnen konnten, geholfen hat, die Verworrenheit und den Unverstand meiner Umgebung zu ertragen. In meinem Handeln werden Sie Vieles nicht verstanden haben, aber ich glaube bestimmt, dass einmal die Zeit kommen wird, wo Sie dies verstehen. Wäre ich ein gesunder Mensch, wäre Vieles anders gewesen und geworden. So konnte ich nur das tun, das ich getan habe. Und wenn ich Ihnen damit oft wehtun musste, werden Sie später einmal genau wissen, dass ich ungetrübten Gesichtes sehr schmerzliche Seelenpein durchkämpft habe.

So ist dann doch immer etwas da, woran man sich klammert, um nicht ganz nutzlos in dieser Welt zu sein. Denn mit meinem Orchesterwerk komme ich nicht so recht vorwärts. Sei es, dass der Frühling mal wieder bei mir im Blut ist, dass es mich nicht *zuhause hält, sei es, dass mein Gesundheitszustand nicht dem Werk gewachsen ist. Oder sei es, dass ich noch immer zu stark von der Sinnlosigkeit alles künstlerischen Schaffens in der heutigen Welt überzeugt bin. Ich weiß es nicht. Ich weiß nur das eine: Die Zeit des Klaviergedichtes und des Streichquartetts war eine wahrhaft glückliche Zeit. Und dass sie glücklich war, ist zum größten Teil nur Ihrer Anteilnahme zu danken. Dafür tausend Dank. Ihr Jakob Herrmann"*

Ein wunderbarer Brief, meisterhaft verfasst in der Balance zwischen Liebe und Herzensverbindung sowie einer respektvollen Distanz, die in diesem Verhältnis nie überschritten wurde. „Was meinen Sie, wie ich geheult habe, als ich den Brief bekam", erzählt die heute 91-Jährige und schnäuzt sich. Die Wehmut ist sofort wieder da. Aber hätte sie bleiben sollen? Ihr Weg ist ein anderer. Sie nimmt die Aufgaben an, die sich ihr stellen, aber sie opfert sich nicht auf. Im klaren Bewusstsein, dass letztlich jeder selbst die Verantwortung für das eigene Leben trägt. Nach sieben Jahren, einer bewegenden, bedeutenden Zeit, trennen sich ihre Wege.

Mit Jakob Herrmann endet es tragisch. Er stirbt 1962, schwer alkoholkrank, mit 54 Jahren. Im Beerdigungsinstitut kann sie sich noch von ihm verabschieden.

ZWEI VÖGELCHEN DAS NEST BEREITEN

Als Kinderfrau Wärme und Sicherheit geben

Nicht nur für Jakob Herrmann ist Ruths Abschied aus Bremen schmerzlich. Der Mutter kommt es vor, als wandere ihre Tochter nach Amerika aus und nicht in die nächstgelegene Hansestadt, wo sie wieder, wie zu Kriegsende, bei den Eltern ihrer Freundin Ingeborg Kahlke in der Osterstraße unterkommt. Hamburg liegt noch voller Trümmer, aber der Wirtschaftsaufschwung ist dynamisch und die Zeitungsseiten quellen über vor Stellenanzeigen. Die 28-jährige Ruth besinnt sich darauf, was sie während der Hitlerzeit gelernt hat: Kochen, Kindererziehung, Haushaltsführung. Schnell findet sie Arbeit und kauft sich von ihrem ersten Gehalt ein Pepita-Hütchen. Kaum aus dem Laden heraus, setzt sie es auf, betrachtet sich im Schaufenster und fühlt sich unfassbar reich. Ein neuer Lebensabschnitt hat begonnen. Sie ist frisch verliebt, verdient ihr eigenes Geld – und dann wird Deutschland auch noch Fußball-Weltmeister. Diese Sensation begießen Ruth und Gregor gemeinsam mit Hedwig Rupp mit einem Jägermeister.

Auch der Bauboom der Nachkriegszeit hat begonnen. Ruths

Ruth Rupp mit der
kleinen Dagmar Tiedemann
im Sommer 1955

neuer Arbeitgeber Gerhard Tiedemann, leitender Angestellter bei der Wohnungsbaugesellschaft Neue Heimat, ist einer seiner Profiteure. Tiedemann, vormals bei der Organisation Todt tätig gewesen, die für das Naziregime Militär- und Rüstungsbauten in Deutschland und den besetzten Gebieten realisierte, ist eine erfahrene Führungspersönlichkeit mit stattlichem Gehalt und eigenem Chauffeur. Vera, seine zweite Frau und ehemalige Sekretärin bei der Organisation Todt, begleitet ihren Mann auf seinen Auslandsreisen. Für die drei Kinder – zwei halbwüchsige Jungen aus Tiedemanns erster Ehe und ein Mädchen von knapp drei Jahren – bleibt keine Zeit. Für sie ist nun Fräulein Ruth zuständig.

Als Hausangestellte wird sie mit einer Situation konfrontiert, die typisch ist für viele Familien in der Nachkriegszeit. Die Eltern, traumatisiert von den grauenhaften Erlebnissen im Krieg, von Gewalt, Demütigung, Verlust oder Vertreibung, sind oft unfähig zu einem liebevollen Miteinander und einer einvernehmlichen Konfliktbewältigung. Und zugleich begierig, nach den schlimmen Entbehrungen der Jahre bis zur Währungsreform endlich den neuen Wohlstand zu genießen. Für Kinder ist da weder Platz noch Aufmerksamkeit. Zugleich prägt immer noch die nationalsozialistische Ideologie die Vorstellungen von der richtigen Erziehung: Die deutsche Mutter solle ihr Kind nicht mit zu viel Hingabe „verzärteln“, heißt es. Zahllose Kinderseelen tragen aus dieser Zeit bleibende Schäden davon. Eine davon gehört der kleinen Dagmar, Sorgenkind der Familie Tiedemann. Sie schreit viel, schlägt mit dem Kopf gegen die Wand, kratzt sich die Hände blutig, nässt ein und will nicht schlafen. „Hilflos lag sie nachts vor der Schlafzimmertür der Eltern und wurde nicht hineingelassen“, erzählt Ruth Rupp. „Ich nahm mich ihrer an. Es gab eine Schlüsselszene. Ich schloss mich mit ihr im Badezimmer ein und sagte: ‚Du kannst so lange schreien, wie du willst, ich kann das aushalten.' Sie schrie, bis sie blau im Gesicht war – und kam dann zu mir, legte ihre Ärmchen um meinen Hals und sagte: ‚Jetzt will ich lieb sein.' Das war die Basis unserer Verbindung zueinander: ihre Erfahrung, dass ich nicht weggehen würde, egal, was sie anstellen sollte." Die Aufgabe annehmen und nicht weglaufen, wenn es schwer wird: So hat es Ruth Rupp, dem Vorbild der Mutter folgend, immer gehalten.

Dagmar ist ein bemerkenswertes Mädchen. Ruth Rupp strahlt, wenn sie von ihr erzählt: „Unglaublich, was sie für Sachen draufhatte! Gerd Tiedemann war ja ein sehr statusbewusster Mann, und seine Frau musste ihm immer sein Oberhemd für den Tag hinhängen. Das hatte natürlich tipptopp in Ordnung zu sein. Manchmal fehlte aber ein Knopf, und dann begann er zu brüllen. Einmal stellte sich die kleine Dagmar vor ihn und sagte, während er Luft holte: ‚Papi, ist ja auch kein Wunder, dass die Knöpfe fehlen: Wenn du so schreist, dann springen die ja auch immer ab!' Ein tolles Kind!"

Weil es keine Großeltern gibt, bringt Ruth die kleine Dagmar immer wieder zu den Eltern nach Bremen. Es entwickelt sich ein inniges Verhältnis. Dagmar sagt zu den Rupps Mutti und Vati und durchlebt bei ihnen Masern, Mumps und Keuchhusten. „Bei meinen Eltern konnte sie endlich zur Ruhe kommen, krank sein und gepflegt werden. Meine Mutter hatte eine neue Aufgabe für sich entdeckt, und mein Vater war ganz begeistert von Dagmar. Er sagte immer hoffnungsfroh: „Ich bin gespannt, was aus der mal wird."

Die Arbeit bei den Tiedemanns stellt hohe Anforderungen an Ruth – den Ausgleich dazu findet sie in ihrem eigenen Leben: mit Gregor, dem jungen, schönen Musikstudenten, der ihr wundervolle Liebesbriefe schreibt.

Der schöne junge Mann, dem
Ruth Rupp nach Hamburg folgte:
Gregor im Jahr 1954

Zwei, die sich gefunden haben:
Ruth Rupp und Pudel Niko
im Ferienhaus der Familie Falk
auf Sylt

„O meine liebe, treuliebende Ruth. Vielleicht wird dein liebes, stilles, geduldiges Lächeln zu dem wenigen gehören, was mir als kostbarer, unersetzlicher Erinnerungsbestand gehört für immer. Denn dieses Lächeln, diese stille Liebe werden mich mein Leben lang begleiten, unvergesslich, gütig und schützend. Warum zürnst du mir nicht, warum brauche ich dir nicht zu misstrauen, wie bringst du es fertig, dass ich dies Lächeln nicht verächtlich von mir weise, sondern dulde?"

Die Musikhalle, Hamburgs traditionsreiches Konzerthaus am Karl-Muck-Platz, wird ihr zweites Zuhause. Gemeinsam mit Gregor erlebt Ruth im Konzertsaal, was sie vorher mit Jakob Herrmann nur im Radio hören konnte. Wieder eröffnet sich ihr eine ganz andere Welt. Die 1. Symphonie von Brahms und das b-Moll-Klavierkonzert von Tschaikowsky verbinden sich für immer mit dieser Zeit. Im Deutschen Schauspielhaus erlebt sie die Ära Gründgens und sitzt bei der legendären Inszenierung von Goethes „Faust" in der zweiten Reihe. Die Hexen-Szene hat sich ihr auf immer eingebrannt. „Da zündete als besonderer Effekt der Inszenierung eine Art Atombombe – das werde ich nie vergessen! Bei dem Blitz und Knall, den es da gab, bin ich fast vom Sitz gefallen." Ruth Rupp voller Begeisterung und Freude: „Das habe ich alles, alles gesehen und mitgemacht!"

Damen- oder Herrenbesuch auf dem Zimmer – das ist in den 50er-Jahren strengstens verboten. Doch das junge Paar, weder verheiratet noch verlobt, hat das Glück, dass Ruth ein separates Zimmer bewohnt, bei Kahlkes genauso wie bei Tiedemanns. Ist sie bei ihrem Liebsten, wird es allerdings schon schwieriger. „Gregor wohnte in einem Zimmer in der Feldstraße, bei einer alten Dame, die wir Mimi nannten", erinnert sich die heute 91-Jährige mit einem breiten Grinsen. „Die Toilette war auf dem Hausflur, und dort hing ein großer Zettel mit der

Botschaft, dass es Frauen verboten sei, diese Toilette zu benutzen. Aber manchmal musste ich eben doch dorthin – und natürlich achtete Mimi sehr aufmerksam darauf, was in ihrem Herrschaftsbereich vor sich ging. Sie fragte also Gregor, wer da auf die Toilette gegangen sei, und er antwortete wahrheitsgemäß. Darauf sie: „Ach, und ich dachte, das war ein kleiner Junge." Ruth Rupp bricht in herzliches Gelächter aus.

Aber dann legt sich ein Schatten auch auf diese Liebesbeziehung: Gregor entdeckt seine Homosexualität. Bemerkenswert genug: Er weiht seine Freundin sofort ein, als er erste Kontakte zu Männern hat. Sie macht sogar deren Bekanntschaft. „Gregor ging ins Bohème, eine Schwulenkneipe. Eigentlich war der Zutritt für Frauen verboten, aber ich war dort wohlgelitten und habe die ganze Szene sehr gut kennengelernt. Es war schon etwas Besonderes, in diesen Jahren als Frau in eine Schwulenkneipe zu gehen. Ich weiß auch gar nicht, warum ich da eigentlich hineindurfte. Ich machte in der Bar die Erfahrung, dass einige Männer mich dort auch ganz interessant fanden. Ein Freund von Gregor war mir sehr zugetan. Ich habe mich ganz entspannt bewegt. Ich habe wohl etwas an mir, das Schwulen gefällt."

Später wird die Beziehung immer schwieriger. Gregor leidet unter seiner Homosexualität und kämpft mit sich. Vor allem seine Mutter, eine überaus dominante Person, darf auf keinen Fall etwas erfahren. Und über all dem hängt die Drohung des Paragrafen 175, der Sex zwischen Männern unter Strafe stellt. Für Ruth Rupp freilich kein Grund zur Aufregung. „Natürlich habe ich mich nicht darüber gefreut, dass der Mann, den ich liebte, mir immer mehr verloren ging, dass es für uns keine Zukunft als Paar gab. Ich fand es fair, dass er sich mir offenbarte, damit ich nicht leide, wenn wir auf einer falschen Basis eine Zukunft bauen. Ich habe so reagiert wie immer: Ich habe gedacht, na, irgendeinen Sinn wird das schon haben, und kein Drama darum gemacht. So bin ich eben. Ich nehme Dinge zur Kenntnis und akzeptiere sie. Dieses Grundvertrauen ins Leben, dass alles schon seine Richtigkeit hat, ist ein Erbe meiner Mutter. Ich war ihr einziges Kind, und sie hat sich für mich, als sie mit mir schwanger war, gewünscht, dass ich schön singen kann. So ist es gekommen. Meine Mutter stand so fest verwurzelt im Leben, war so lebensklug und hatte keine Angst davor. Und auch das habe ich ja von meiner Mutter geerbt: Man macht Männern keine Szenen. Ich kann Dramen zwar gut vortragen, aber ich veranstalte keine."

Halt gibt ihr in dieser Zeit, wie schon so oft, die Musik. Sie singt im Monteverdi-Chor und nimmt alles wahr, was Hamburg musikalisch zu bieten hat. Wenn Dietrich Fischer-Dieskau, ihr großes Idol zu jener Zeit, in der Musikhalle auftritt, ist sie natürlich da. Allerdings beansprucht ihre Tätigkeit bei den Tiedemanns sie so sehr, dass ihre eigenen Möglichkeiten als Sängerin stark eingeschränkt sind. Die Arbeit, die Verantwortung für Haushalt und Kinder, gehen vor. Der Chor fährt jedes Jahr nach Arezzo zu einem großen Jugendtreffen, an dem Chöre aus aller Welt teilnehmen. Das Programm dazu erarbeitet die junge Sängerin zwar jedes Mal mit, aber wenn es nach Arezzo geht, muss sie zu Hause bleiben. Fräulein Ruth wird zu sehr gebraucht.

Doch die Ära Tiedemann neigt sich ihrem Ende zu. Noch voller Optimismus beginnt Gerd Tiedemann in Wedel, dem an der Elbe gelegenen Vorort von Hamburg, ein Haus zu bauen. Seine ungewöhnliche Idee: Das Zimmer von Dagmar soll nicht bei den Eltern oder Geschwistern sein, sondern in der Einliegerwohnung, die für Ruth vorgesehen ist. Dieser Plan soll sich jedoch nicht mehr erfüllen, denn die Ehe zerbricht. Der Respekt der Eheleute voreinander ist verlorengegangen, und eine schmutzige Scheidung beginnt. Ruth, zermürbt vom Ehekrieg, kündigt ihre Stellung. Vera setzt alles daran, dass der Vater seine Tochter nicht mehr sehen kann. Aus Rache bringt der sie in einer Wohnung in zwielichtiger Lage unter: in einem Hochhaus unweit der Reeperbahn. Vera straft ihn mit Hass. Und Dagmar? Sie hat noch über viele Jahre Kontakt zum geliebten Kindermädchen, studiert und heiratet, erkrankt aber später schwer, körperlich und psychisch. Ihr wacher Geist, ihr Charme und ihre Schlagfertigkeit – zerbrochen an den Traumata der Kindheit.

Nach dem Drama bei Tiedemanns wird Ruth im Herbst 1958 im nächsten Haushalt engagiert. Auf den ersten Blick scheint sie es bei Familie Falk besonders gut angetroffen zu haben: Gerhard Falk ist Erfinder der patentgefalteten Stadtpläne und mit seinem Falk-Verlag zu Wohlstand gekommen, seine Frau Eva eine tatkräftige Person, das Haus in herrlicher Lage am Hamburger Elbhang in Blankenese gerade frisch bezogen. Ruth bekommt ein schönes Zimmer im Souterrain. Und es gibt ein kleines Mädchen, Karin, das sich ihr sofort öffnet. In einem Brief vom 1. Oktober 1958 schreibt Ruth an ihre Mutter: *„Ich bin froh, dass ich bei Falks an eine ruhige Familie geraten bin und mir dadurch viele Aufregungen erspart bleiben."*

Schon bald tun sich gewisse Ähnlichkeiten zu Ruths früherem Arbeitgeber auf: Gerhard Falk arbeitet, bis er am Schreibtisch einschläft, und gemeinsam reisen er und Eva durch die Welt. Ihr Nachholbedarf an schönen Erlebnissen ist immens, und die geschäftliche Expansion in den Wirtschaftswunderjahren fordert unglaublich viel Energie. Karin bleibt zu Hause. Die Eltern sind so mit sich beschäftigt, dass sie ihre Tochter

Der skeptische Blick trotz
Pinguinen bei Hagenbeck gehört
dieses Mal der kleinen Karin
Falk, um die sich Ruth Rupp hingebungsvoll kümmert

morgens nicht in ihr Bett lassen. Deswegen geht das kleine Mädchen frühmorgens, sobald es wach ist, die Treppe hinunter und kriecht zu seiner neuen Kinderfrau unter die Decke. Hier hat es einen Ort, an dem es Ruhe, Wärme und Liebe bekommt. Schon bald ist daraus ein schönes Ritual geworden.

Karins morgendlicher „Bettenwechsel" hinunter zur Kinderfrau bringt die Eltern auf eine ungewöhnliche Idee. Schon länger wollen sie ihrer Tochter einen Hund schenken – und so liegt einige Wochen später unten im Halbdunkel am Fuß der Treppe ein schwarzes Fellknäuel: ein Pudelwelpe namens Niko, benannt nach dem Nikolaus-Tag, an dem er ins Haus gekommen ist. Doch der gut gemeinte Überraschungseffekt bleibt aus. Anstatt sich zu freuen, erschrickt das kleine Mädchen über die Maßen und flüchtet zurück in sein Zimmer. Leider überschattet der Schreck über das unerwartete Geschenk die Beziehung zum Hund auch auf Dauer. Daraufhin wird auch das Tier der neuen Hauswirtschafterin überantwortet. Die schließt es sofort in ihr großes Herz.

Der Wohlstand des Verlegers hat viele angenehme Seiten. Zum Beispiel ein reetgedecktes Haus in Kampen auf Sylt, mit Blick auf die Nordsee. Zu jener Zeit ist Kampen zwar schon ein beliebter Ferienort, aber noch weit entfernt vom Glamour späterer Jahre. Beschaulich ist es dort, und man ist noch sehr für sich. Im Sommer sitzt die Familie abends vor dem Haus und schaut auf die Heckenrosen, die auf den Steinmauern blühen, aufs Meer und auf den Sonnenuntergang. Im Winter glüht drinnen der Kachelofen, und Ruth bereitet Bratäpfel zu. Bei Spaziergängen am Roten Kliff wehen Niko die Schlappohren um den Kopf, und er versucht, den Schaum auf den Wellen zu fangen oder die Kaninchen, die vor ihm in die Heckenrosen flüchten. Weil Gerhard Falk ein großzügiger Mensch ist, werden auch Friedrich und Hedwig Rupp immer wieder eingeladen. Gemeinsam verlebt man schöne Wochen. Eine Idylle.

Es dauert freilich nicht lange, bis auch in dieser Familie Brüche offenkundig werden. Eva Falk hat ein Verhältnis mit einem Mann, den sie später heiraten wird. Es sind die Fresiensträuße, die sie mit nach Hause bringt und die für die Hausangestellte zum Zeichen der neuen Liebe werden. Wieder wird Ruth Zeugin eines immer weiter eskalierenden Ehekrieges, aus dem sie ein kleines Mädchen herauszuhalten versucht.

„Es gibt mehrere Parallelen zwischen den Familien Tiedemann und Falk", erzählt sie heute: „Die Männer waren eindrucksvolle, sehr attraktive Erscheinungen – und ich war für beide ein großer Halt, eine Art Zweitfrau, die ihnen den Haushalt führte, sich um die Kinder kümmerte und zu Hause alles zusammenhielt. Es war beide Male ein ganz merkwürdiges Verhältnis, nichts Erotisches oder gar Sexuelles, das war überhaupt kein Thema. Aber ich war im Grunde genommen nicht nur eine Angestellte, sondern eine Art Familienmitglied, auf dessen Schultern die Organisation des häuslichen Lebens lag. Als ein Wasserrohrbruch das Haus in Kampen unter Wasser setzte, beauftragte ich die Handwerker und kümmerte mich um die Sanierung. ,Ruth macht das schon', hieß es. Und als wir eines Morgens beim Frühstück saßen, lag da ein blauer Briefumschlag, Absender Eva Falk. Sie eröffnete ihrem Mann, dass sie sich von ihm scheiden lassen werde. Für ihn ging die Welt unter. Und ich saß daneben."

Im Juli 1961 werden Gerhard und Eva Falk geschieden. Am Morgen steckt Ruth dem Hausherrn noch ein weißes Taschentuch ins Jackett. Aber keiner erzählt es der Tochter. In einem Brief an ihre Mutter schreibt Ruth empört: *„Karin weiß immer noch nichts. Ich bin immer wieder erschüttert über die*

Irrungen und Wirrungen der Menschen und ihre Schwachheit, und das Schlimmste ist, wenn sie nach außen hin Erfolg haben." Erst drei Monate später zieht Eva Falk aus und nimmt die kleine Tochter mit. Ruth ist voller Mitgefühl: *„Die arme Karin ..."* *Später schreibt sie: „Würden wir unsere Kinder von klein auf mitmenschlich erziehen und nicht nur auf ihre eigenen Vorteile bedacht, könnte viel Unglück vermieden werden, und ganz besonders eben auch in der Ehe."*

Aber sie bleibt zunächst in der Villa in Blankenese, wo jetzt immer häufiger Partys der feinen Hamburger Gesellschaft stattfinden. Eines Abends findet sie einen ihr unbekannten Mann in ihrer Badewanne. Der versteckt sich dort, weil im Haus ein Mörder-Spiel gespielt wird. Und wenn die weiblichen Partygäste mit ihren Pfennigabsätzen über den mit Fliesen ausgelegten Flur stöckeln, klingt es eine Etage tiefer wie Maschinengewehrfeuer. Keine schöne Erinnerung.

Und dann steht eines Abends eine weibliche Erscheinung vor der Tür – „ein Bild, das ich nie vergessen werde". Eine mittelgroße, schlanke und zarte Person mit dunklen Haaren und großen schwarzen Augen, die ein dunkelblaues Kleid mit weißen Punkten, schwarze Strümpfe und weiße Pumps trägt. An einem Bändsel hält sie eine kleine Schallplatte, eine Single. Was ist denn das für eine Gestalt?, fragt Ruth sich. Die Dame schaut sie aus großen Augen etwas gewollt unschuldig an und haucht ein ‚Guten Abend'. Ruth lässt sie eintreten, wo man sie freudig begrüßt. Im Laufe des Abends wird der Hausangestellten schließlich klar, dass sie diejenige ist, auf die Gerhard Falk es abgesehen hat: eine Tochter aus guter Hamburger Familie.

Falks Freunde denken, diese Frau sei ein „nettes Abenteuer für den Gerd", aber er heiratet sie. Sie zieht ins Haus ein, als Ruth dort noch wohnt, fährt Schlittschuh auf dem Pool im Garten und betritt anschließend in voller Montur das Wohnzimmer, was mal eben das Parkett ruiniert. Dies ist nur einer von vielen Vorfällen, die die Hausangestellte schließlich dazu bringen, das Arbeitsverhältnis zu beenden. *„Mir reicht es!"*, schreibt Ruth Anfang 1962 an die Mutter. *„Meine Mission ist beendet"*. Nach vier Jahren im Hause Falk, vom Hausherren großzügig abgefunden, zieht sie aus. Eine insgesamt acht Jahre während Ära als Hauswirtschafterin, Kindermädchen und guter Geist bei zu Wohlstand gekommenen Familien sind beendet. „So geht es nicht weiter", sagt Ruth sich, „du bist jetzt 35 und musst etwas anderes machen." So beginnt sie eine zweijährige Ausbildung zur Hauswirtschaftsleiterin.

Heute zieht sie zufrieden Bilanz: „Warum hat das so gut funktioniert über die Jahre? Das hatte viel mit den Kindern zu tun. Zuerst mit Dagmar, dann mit Karin. Haushalt, schön und gut, das konnte ich eben. Tiedemanns und Falks waren zwar nach dem Krieg wohlhabend geworden, sie entsprachen in vielem den Klischees, mitsamt Porsche, Jaguar E-Type und Isetta Coupé. Aber ich bin dort angemessen und respektvoll behandelt worden – bis auf einmal, als mir Gäste von Gerhard Falk fünf Mark Trinkgeld in die Hand drücken wollten. Das war ja peinlich! Aber die Kinder! Die waren das Wesentliche. Ich habe über sie die Kinder gehabt, die ich sonst selbst geboren hätte. Und so war es ganz natürlich, dass Dagmar auch so viel Zeit bei meinen Eltern verbrachte – Gerhard Tiedemann fand das übrigens ganz wunderbar –, denn sie waren gleichsam wie Oma und Opa. Das war ein inniges Verhältnis."

Und Karin? Wenige Wochen, nachdem sie mit der Mutter aus ihrem Zuhause ausziehen musste, findet Ruth sie tränenüberströmt an der Bushaltestelle vor der Schule. Sie hat ihren Bus verpasst, und wie man sich in dieser Situation verhält, hat die Mutter dem kleinen Mädchen nicht beigebracht. Ruth wartet mit ihr auf den nächsten und winkt ihr schweren Herzens nach, als sie schließlich nach Hause fährt. Auch über das Ende ihrer Arbeit im Hause Falk hinaus hält sie die liebevolle Verbindung zu Karin noch eine Weile aufrecht und besucht sie in der Wohnung der Mutter.

Wenn Karin Falk heute zurückblickt, markiert diese Zeit für sie das Ende der glücklichen Jahre ihrer Kindheit. „Ich habe mein Leben lang gesagt, dass Ruth für mich ein Segen war. Sie an meiner Seite zu haben in diesen Jahren hat mich gerettet. Wie viel ich durch sie gelernt habe! Sie kochte für mich, sie kümmerte sich um die Geburtstagsfeiern, sie versteckte die Ostereier, sie war bei meiner Einschulung dabei, nicht mein Vater. Sonst wäre ich vernachlässigt gewesen, und so war ich es niemals. Das hat mir eine Stärke gegeben, die mich mein Leben lang getragen hat."

Karin Falk ist neun, als der Kontakt zu Ruth dann doch abreißt. Wie er 49 Jahre später wieder auflebt und eine ganz neue Beziehung entsteht – das ist eine so wunderbare Geschichte, dass sie später noch erzählt werden muss.

REICHE HANSEATEN, ARME WAISENKINDER

Ohne Scheu zu neuen Aufgaben

Und wieder ein Gerhard. Auch bei der dritten Familie, deren Haushalt Ruth parallel zu ihrer Ausbildung führt, trägt der Hausherr denselben Vornamen. Doch ansonsten ist vieles anders. Es gibt keine Kinder, sie erlebt keine Scheidung, und das Vermögen ist nicht nach dem Krieg erworben, sondern alt. Lütgens sind wirklich reich, und das schon seit Generationen. In seiner Jugend, erzählt der mittlerweile greise Mann, habe während des Essens hinter dem Stuhl jedes Familienmitglieds ein Diener gestanden, auch wenn auf dem Teller nur ein Heringsschwanz lag. Und als er seine Thea heiratete, gebürtig aus der Industriellenfamilie der Brauns, habe es als Hochzeitsgeschenk ein Rittergut in Mecklenburg gegeben. Was die neue Gutsherrin wohl einigermaßen überforderte: Die damals 18-Jährige musste ja nun dem Gesinde Anweisungen erteilen. Zum Kriegsende floh das Ehepaar vor den russischen Truppen und wohnt seitdem an einer sehr feinen Hamburger Adresse: an der Heilwigstraße mit direktem Zugang zur Alster. Wie es sich für Hamburger der ersten Gesellschaft gehört, ist Gerhard Lütgens in der Politik aktiv, natürlich in der CDU.
Ruth, mittlerweile 35, kocht für beide, zumeist eine Diät, weil

der Hausherr unter einem Reizdarm leidet. Deswegen bekommt er jeden Vormittags um 11 Uhr eine Banane. „Die hatte ich zu servieren", erzählt sie. „Dafür gab es ein silbernes Tablett, ein silbernes Schälchen für die Banane, ein silbernes Wasserschälchen, um sich die Hände waschen zu können, und eine gestärkte Serviette in einem silbernen Serviettenring. Ein paar Mal ist es mir allerdings passiert, dass ich alles perfekt aufgebaut und hergerichtet hatte – nur die Banane, die hatte ich vor lauter Silber vergessen." Und es erklingt ihr fröhliches Lachen.

Das restliche Familiensilber, für das einst auf dem Gut eigens ein Diener zuständig war, lagert im Keller, ebenso das Porzellan. Eines Tages kündigt Thea Lütgens an: „Das ganze Porzellan muss gespült werden. Aber das Spülen mache ich." Im Haus gibt es einen Paternoster, der vom Keller zur Küche führt. In dem wird das Geschirr hinauf- und wieder hinuntergefahren. „Frau Lütgens spülte also, und ich musste die trockenen Sachen stapeln, zwischen jeden Teller ein Tellerdeckchen legen, um den Druck auf die unteren zu mindern, und in den Paternoster stellen. So stand ich dann mit so einem Stapel Teller vor ihr und sagte: ‚Frau Lütgens, was würde jetzt passieren, wenn ich die Teller fallen ließe?' Sie war eine ganz Feine, schaute mich an und sagte: ‚Dann wäre ich ganz traurig.'"

Das Quartier der Hausangestellten ist exquisit: ein großes Zimmer im Souterrain, das direkt zur Alster hinausgeht. Ein wichtiger Grund, um diese Stelle anzutreten. Ein weiterer ist die Nähmaschine, die dort steht. Sie bietet sich Ruth zum Üben für die Frauenfachschule an, die sie als angehende Hauswirtschaftsleiterin besucht. Unterrichtsfächer: Ernährungslehre, Kochen und Backen, Staatsbürgerkunde und eben Nähen. „Handarbeiten war ja nie meins, aber nach einem Jahr habe ich zu Weihnachten die ganze Familie benäht."

Was ziemlich schnell deutlich wird bei den Lütgens' ist der Geiz des Hausherrn. Die Zimmertemperatur darf 18 Grad nicht überschreiten, und im Foyer des prachtvollen Jugendstilbaus brennt eine 15-Watt-Glühbirne. Dort steht auch eine riesige Truhe mit Putzlappen – alte Handtücher und Reste aus Kleidungsstücken, damit man keine kaufen muss. Thea Lütgens spült nicht nur das Porzellan selbst, um es vor Schaden zu bewahren, sondern stopft auch von Hand den roten Läufer, der auf der Treppe liegt. Enkelin Monika muss in einem kleinen Büchlein jeden Geldbetrag eintragen, den sie ausgibt – selbst das Geld für die Restauranttoilette –, um dem Großvater so regelmäßig Rechenschaft abzulegen. Die vorwitzige Ruth kann sich einen Kommentar gegenüber dem CDU-Granden nicht verkneifen: „Wenn Sie nach Hause kommen, dann lassen Sie das „C" aber immer vor der Tür stehen", sagt sie zu ihm. Der schaut nur entgeistert.

Monika heiratet später standesgemäß in die Familie Sieveking ein (nach der eine große Hamburger Ausfallstraße benannt ist): Eines Tages steht deren Spross vor der Tür, um beim Großvater ganz formvollendet um die Hand seiner Enkelin anzuhalten. Er trägt einen Bowler und hält ein Blumensträußchen in der Hand, ganz vorschriftsmäßig. Allerdings hat er eine noch ziemlich unreine Haut und einige Pickel. „Ich dachte: Oje, den will dieses hübsche, kluge Mädchen heiraten? Ja, wollte sie."

Als die Hausherrn in den Urlaub fahren, darf die Hausangestellte bei den Mietern des prachtvollen Mehrfamilienhauses die Miete kassieren und sich ein Bad in der Wanne einlassen. Was sie aber nur ein einziges Mal versucht. „Wissen Sie, wie lange es dauert, mit einem Fünf-Liter-Boiler eine Badewanne mit warmem Wasser zu füllen?" Was sie nicht darf:

telefonieren. Ans Telefon wird vor der Abreise ein Schloss montiert.

Und sie hat eine Aufgabe: die Rahmen der vielen Ölgemälde zu reinigen. „An eines erinnere ich mich noch sehr gut: ‚David kniet vor Saul', ein riesiger dunkler Schinken. Ich nehme mir also eine Leiter – die war so alt, dass die beiden Seiten mit einem Bindfaden verbunden waren – und will das Bild von der Wand nehmen. Da kommt es mir entgegen, fällt auf den Boden und ist so morsch, dass der Rahmen in lauter Einzelteile zerfällt. Da klingelte es. Das war zum Glück eine Freundin, die auf dieselbe Schule ging wie ich und mich besuchen wollte. Sie hat mir später oft erzählt, wie ich da zwischen den Trümmern des Bildes auf dem Boden saß. Wir haben uns Uhu besorgt und alles wieder zusammengeklebt. Ist uns gut gelungen. Ich habe einen größeren Nagel eingeschlagen, das Bild wieder angehängt – und kein einziges weiteres Bild mehr angefasst!" Als Lütgens nach dem Urlaub fragen, ob denn auch die Bilder gereinigt seien, greift Ruth zu einer Notlüge: selbstverständlich! Und schaut immer ein bisschen ängstlich zu Saul und David hoch, wenn sie daran vorbeigeht.

Als Weihnachten naht, kündigen Lütgens einen Kurzurlaub an und beladen das Auto – nicht etwa einen standesgemäßen Mercedes, sondern einen DKW. Mit an Bord ist auch ein kleiner Tannenbaum. Ruth vermutet angesichts der Dekoration als Reiseziel die Lüneburger Heide. Später erfährt sie: Gerhard Lütgens hat im Nobelhotel „Vier Jahreszeiten" über die Weihnachtstage eine ganze Suite gemietet. Seine Frau bekommt danach eine schwere Erkältung – weil es im Hotel so mollig warm ist und zu Hause dann wieder nur 18 Grad!

In die Zeit bei den Lütgens fällt ein besonders dramatisches Ereignis: der Tod von Friedrich Rupp. Nach seiner Pensionierung hat der rastlose Mann eine Stelle als Wachmann am Hafen in Bremen angenommen. Mit Schiffen kennt er sich schließlich aus. An einem Sonntag im August 1963 liegt dort das Schiff einer Hamburger Reederei, dessen Ladung noch schnell gelöscht werden soll. Deswegen herrscht große Eile und Lärm. Als er das Schiff betritt, überhört er wegen des Lärms Warnrufe und tritt auf eine eiserne Abdeckung des Laderaums. Sie schlägt wie eine Wippe zurück, wirft ihn um und reißt ihn mit in den Laderaum. Mit schweren Kopfverletzungen wird er ins Krankenhaus eingeliefert.

Die Erinnerung an die Situation hat sich unauslöschlich in Ruth Rupps Gedächtnis eingebrannt. „ Ich bekam bei Lütgens den Anruf meiner Mutter: ‚Papa ist schwer verunglückt, wenn es geht, komm sofort!' Ich stand in meinem Zimmer, schaute auf die Alster und erlebte ein Gefühl, das ich noch nie vorher hatte. Ich kann es gar nicht richtig beschreiben. Ich hatte keine Angst, war aber von der Bedeutung des Augenblicks total gefangen. ‚Jetzt erlebst du etwas, das du noch nie erlebt hast', wusste ich. Dieses Gefühl stieg in mir auf und wurde immer größer, immer wuchtiger."

Als sie im Krankenhaus ankommt, lebt der Vater noch, ist aber nicht bei Bewusstsein. Drei Tage kämpft er, es ist ein schrecklicher Anblick. Schließlich erliegt Friedrich Rupp seinen Verletzungen. „Er war dann im Beerdigungsinstitut aufgebahrt, und ich hatte Angst, wie er wohl aussehen würde nach diesem Kampf. Das stand mir sehr bevor. Ich war so überrascht, wie friedlich er stattdessen dalag im Sarg, mit einem kleinen Lächeln auf den Lippen. Als ob er hätte sagen wollen: Gott sei Dank, jetzt hab ich's geschafft. Das war ein schönes Bild, an das ich mich gerne erinnere." Viele Menschen kommen, um sich zu verabschieden, die Tochter begleitet sie ins Beerdigungsinstitut.

Hedwig Rupp braucht lange, um den Schock zu überwinden. Was sie überhaupt nicht versteht: dass sie nun von der Hamburger Reederei monatlich eine Rente überwiesen bekommt. „Wie kann ich finanziell davon profitieren, dass mein Mann tödlich verunglückt ist? Das hat sie immer wieder gefragt", erinnert sich die Tochter. Für sie sind diese Tage voller Schrecken und Trauer mit einem eigentümlichen Gefühl verbunden. „Wenige Tage vor dem Unfall hatten wir den Geburtstag meines Vaters gefeiert. Als ich nach Hamburg zurückfuhr und mich verabschiedete, gab er mir einen großen Strauß aus den Blumen, die er zum Geburtstag bekommen hatte. Das hatte er vorher noch nie gemacht, und es war die letzte Begegnung mit ihm bei Bewusstsein. Das hat mich schon in dem Moment sehr seltsam berührt. Offenbar hatte er eine Vorahnung. Seine Angst, es könnte etwas Schlimmes passieren, die ihn zeit seines Lebens gepeinigt hatte, erfüllte sich schließlich."

In Hamburg geht das Leben weiter, die Arbeit bei Lütgens und die Ausbildung in der Frauenfachschule. Das zweite Schuljahr beginnt mit viel neuem Stoff. Aber als der Alltag wieder eingekehrt ist, verfällt Ruth in tiefe Trauer. Zu viel ist passiert. Die Trennung von Gregor, das Drama bei Familie Falk, verbunden mit der Sorge um die kleine Karin, und jetzt der Tod des Vaters. „Ich stand auf der Straße und hatte das Gefühl, die Bäume stürzten auf mich ein. Es war ein Gefühl wie in Trance, nicht direkt auf dieser Erde. Ich hatte komplett den Halt verloren."

Ein Besuch bei Karin ist der Wendepunkt. Über Stunden spielen beide im Garten, und es ist so innig wie früher. Sie harmonieren einfach miteinander, ohne Vorbehalte und Nachdenken. „Das war für mich ein Geschenk des Himmels und auch meine Rettung. Ich bekam wieder Boden unter die Füße und

Halt im Leben." Das Mädchen ist neun Jahre alt, und es wird ihre letzte Begegnung auf Jahrzehnte sein.

Mit dem Ende der Ausbildung im Sommer 1964 geht die nun examinierte Hauswirtschaftsleiterin zurück nach Bremen, um der immer noch trauernden Mutter besser beistehen zu können. Die erste Stelle ist im „St. Petri Waisenhaus von 1692". Was für ein Kontrast: Nach zehn Jahren in der feinen, ja feinsten Hamburger Gesellschaft nun die Hauswirtschaftsleitung in einem Heim für, wie es in jener Zeit heißt, „Milieugeschädigte" Kinder. Das Heim gehört zur Gemeinde des Bremer Doms und ist in einem ehemaligen Gutshaus mit vielen Nebengebäuden untergebracht. Das Zimmer hat zwar keinen Blick aufs Wasser, ist aber schön und stilvoll eingerichtet mit Worpsweder Möbeln.

Die Kinder sind entweder Waisen oder vom Jugendamt aus ihren Familien gerettet worden; sie sind traumatisiert, vergewaltigt, verhaltensauffällig. „Es gab unter ihnen wirklich schreckliche Schicksale", erinnert sich Ruth Rupp. „Die stellvertretende Leiterin des Heims, verantwortlich für die Jugendlichen, war eine sehr merkwürdige Person. Bei manchen Menschen fragt man sich ja wirklich, warum sie ausgerechnet diesen Beruf ergriffen haben. Und diese Jugendleiterin hatte in ihrer Kindheit offenbar selbst sehr schlechte Erfahrungen gemacht." Sie lässt das an den Kindern ab und hat einen speziellen Griff, der sie zur Ruhe bringen soll. Sie dreht ihnen den Arm um, was ungemein schmerzhaft ist. Heimerziehung in den 60er-Jahren mit all ihren Demütigungen und Misshandlungen – das ist heute ein dunkles Kapitel der Kinder- und Jugendfürsorge, das nicht nur seelisch, sondern auch politisch aufgearbeitet wird. Damals hilft den Kindern oft nur Notwehr. „Einer der größeren Jungs hat sich gerächt", erzählt Ruth Rupp.

„Der hat einen Stuhl zerschlagen und die Leiterin mit dem Stuhlbein grün und blau geprügelt. Das konnte ich irgendwie gut verstehen."

Sie selbst hat sofort einen guten Draht zu den Kindern, ihr Einstieg gelingt. Frisch aus der Ausbildung, bringt sie jede Menge neuer Impulse mit. Vorher hat es für die Kinder an jedem Tag der Woche das gleiche Essen gegeben, sie wissen genau, wann es Erbsensuppe gibt und wann Blumenkohl. Ruth stellt das einfach auf den Kopf und serviert den Fisch sogar mal dienstags. Und obwohl manche der Rabauken sie an Körpergröße überragen, hat sie kein Problem damit, sich durchzusetzen. „Die haben mich geliebt. Spülmaschinen gab es ja noch nicht, und so drängten sich die Kinder, um entweder zu spülen oder abzutrocknen. ‚Rupp', riefen sie mich, ‚Rupp, darf ich heute bei dir abtrocknen?' Einem habe ich mal aus Reflex eine gescheuert – was natürlich verboten war! – , weil er drauf und dran war, absichtlich einen großen Stapel Teller runterzuschmeißen! Das hat er dann gelassen, und wir waren schnell wieder gut miteinander."

Zum Julklapp schreibt ein anderer ihr ein Gedicht.

„Liebe Rupp,
ich hab' dich zum Fressen gern.
Pass nur gut auf,
gleich passiert's!"

Höhepunkt des Jahres ist für die Kinder der Bremer Freimarkt. An diesem Tag dürfen sie so viele Süßigkeiten essen, wie sie wollen. „Was die in sich reingestopft haben und wie die hinterher aussahen!" Die alte Frau lacht befreit auf. „Die waren so glücklich, dass sie endlich mal durften, wie sie wollten. Die

Kleinen mussten wir abends in die Badewanne stecken, ihnen die Schokolade von den Fingern waschen und die Zuckerwatte aus den Haaren pulen."

Viele Kinder tun ihr leid. Eines von ihnen, vier oder fünf Jahre alt, ein kleiner, ganz schüchterner blonder Junge, trägt den Namen „Klingeling". Warum, weiß keiner. Er fällt der Hauswirtschaftsleiterin auf, weil er so hilflos wirkt. Das weckt ihren Beschützerinstinkt, ihren Impuls, sich um Vögelchen zu kümmern, die aus dem Nest gefallen sind, der sie auch mit Dagmar und Karin verbunden hat. Ihnen wenigstens einige Momente jener Erfahrung zu vermitteln, die ihr die Sicherheit für ein ganzes Leben gegeben haben.

Schon Dagmar war für eine Weile mehr das Kind von Hedwig Rupp als von Vera Tiedemann gewesen, und nun hat Ruth die Idee, Klingeling an einigen Wochenenden aus dem Heim herauszuholen und bei ihrer Mutter unterzubringen. „Sie hätte ja gerne mehr Kinder gehabt, und es gab eine Tradition in unserer Familie, sich Pflegekindern anzunehmen. Das war schon bei meiner Oma so, ebenfalls ein Kind aus schwierigen Verhältnissen." Sie weiß, dass der Junge ihrer Mutter guttut – und sie dem Kind natürlich auch. Die Heimleiterin ist sofort einverstanden. „Es hat wunderbar funktioniert. Ich hatte auch nicht das Gefühl, dass die anderen Kinder im Heim neidisch waren. Sie haben Klingeling nur sofort alles abgenommen, was meine Mutter ihm an Süßigkeiten mitgab. Und der Kleine konnte sich leider gar nicht wehren und saß da als unglücklicher Tropf in der Ecke. Kinder sind ja rabiat. Und im Kinderheim erst recht."

Die Trauer bei den Kindern ist groß, als „ihre Rupp" Anfang 1966 weiterzieht. Sie ist im „Weser-Kurier" auf eine Anzeige des Parkhotels Bremen gestoßen. Und weil sie in der

Ausbildung viel fürs Hotel gelernt hat, treibt ihre Neugier sie weiter. Ihr kleiner Schützling vergisst sie nicht: *„Liebes Fräulein Rupp"*, schreibt er noch fast ein Jahr später. *„Du sollst mal bitte nach uns kommen und mir mal abholen. Viele Grüße von Klingeling."*

Nun also das Parkhotel, zu jener Zeit eine der besten Adressen in der deutschen Hotellerie. Während Ruth dort arbeitet, macht hier das legendäre thailändische Königspaar Bhumibol und Sirikit auf seinem Deutschlandbesuch Station. Das Hotel gehört reichen Bremer Kaufleuten, die einen geschäftsführenden Direktor einsetzen. Während Ruths Zeit dort: eine geschäftsführende Direktorin. „Und die hätte ebenso gut als Aufseherin im KZ arbeiten können", entfährt es der alten Dame. Sie rennt, einen großen schwarzen Hund an der Seite, durchs Hotel und herrscht die Angestellten an. Der Ton ist rüde, der Umgang rücksichtlos. Sie teilt Mitarbeiter zur Frühschicht ein, die vorher bis weit in die Nacht in der Spätschicht malocht haben, und verschleißt das Personal. Der Geist, der von ihr ausgeht, teilt sich allen mit.

Aber das ist natürlich nur hinter den Kulissen zu spüren. Die Kellner sind ausgesuchte Kräfte, eindrucksvolle Gestalten mit perfektem Benehmen und mindestens zweisprachig. Wenn die großen Essen beginnen und sie nebeneinander in perfekter Haltung die Treppe hoch in die Speisesäle schreiten, diese Formation hübscher junger Männer, ist das ein Bild für die Götter. „Aber fragen Sie mich nicht, wie die sich benahmen, wenn sie nach der Schicht nach unten kamen. Unglaublich! Es war die Hölle! Eine wilde Horde. Die haben auf nichts und niemanden Rücksicht genommen, natürlich auch die Frauen begrapscht. Es war unbeschreiblich, wie die Toiletten oft aussahen. Und das im besten Haus am Platz mit seiner prunkenden Fassade!"

In der riesengroßen Küche wimmelt es von Köchen, Hilfsköchen und Küchenhilfen, es wird ausschließlich gebrüllt. Der Chefkoch und der Oberkellner schreien sich während großer Essen wüst an. Oben dinieren 500 Gäste, unten herrscht Krieg. Aber die Schalldämmung funktioniert, nichts dringt nach außen. Dass manche diese Situation nur betrunken ertragen können, ist einleuchtend. „Ich hatte immer ganz gut den Saucier im Blick, der zwischendrin immer ordentlich nachfüllte. Der bekam über die Dauer der Schicht jedes Mal einen knallroten Kopf. Aber seinen Job machte er tadellos." Wenn das Gesundheitsamt kommt, werden die Kontrolleure erst mal im Separee mit allerbesten Speisen und Getränken gefügig gemacht. „Seit dieser Zeit im Parkhotel denke ich oft in Restaurants: Du möchtest nicht wissen, wie es hier hinter den Kulissen abläuft."

Jahrzehnte nach diesen schockierenden Erfahrungen kommt Ruth Rupp ins Sinnieren. „Die meisten Menschen ändern sich nie. Das ist meist in Ordnung, wenn sie halbwegs gut erzogen sind. Aber wenn es zum Ausbruch kommt, was sie in sich tragen, dann kann einen das schon in Schrecken versetzen. Die Jugendleiterin des Kinderheims. Die Direktorin des Hotels. Oder auch jener Luftwaffenoffizier, der meine Freundin Kahlke und mich so zusammengebrüllt hatte. Genauso der Theologe, der bei der Missionsakademie für meinen Rausschmiss sorgte. Er war ja noch ein Jahr jünger als ich, und als ich seine Todesanzeige in der Zeitung sah, stieg leise Genugtuung in mir auf. Nein, das entspricht nicht dem Ideal der christlichen Nächstenliebe, aber die Institutionen der Kirche entsprechen meiner Erfahrung nach diesem Ideal noch weniger. Das habe ich im kirchlichen Kinderheim erlebt und später wieder in der Missionsakademie und im Marienkrankenhaus."
Die Missionsakademie und das Marienkrankenhaus – nächste

Stationen auf Ruths Berufsweg. Ihre Erlebnisse im Parkhotel sind der Anlass, wieder nach Hamburg zu gehen. Die Bewerbung auf eine Anzeige der im Elbvorort Nienstedten ansässigen Missionsakademie gelingt. Ruth Rupp in der Ruperti-Straße nahe der Elbchaussee: Das passt erst einmal wunderbar.

RASANTE TÄNZE, FREUNDLICHE WORTE

Wie man gut gelaunt Karriere macht

„Wissen Sie, wie das Lachen eines Afrikaners klingt?" Ruth Rupps Augen leuchten, der Klang steht ihr im Ohr. „Viel freier und strahlender als das von uns Deutschen! Wenn ich in der Bahn sitze und dieses ganz besondere Lachen höre, dann weiß ich sofort, vom wem das kommt. Es ist Ausdruck einer Seele, die so viel mehr Leichtigkeit atmet als unsere. Die kommt ja immer wieder etwas schwermütig und belastet daher. Da haben die Menschen aus Afrika uns ganz viel voraus." Sie seufzt auf. „Ach, war das toll, mit Menschen aus aller Welt ganz unmittelbar den Alltag zu erleben. Ihre Eigenheiten, ihre Talente, ihren Charakter. Und ihre Art zu feiern."

1967 ist die Missionsakademie an der Hamburger Universität ihre nächste Station – ein im schönen Elbvorort Nienstedten gelegenes ökumenisches Bildungs- und Tagungshaus, das zur Theologischen Fakultät der Uni gehört. Dort wohnen Studierende der Theologie aus der ganzen Welt, Deutsche und Menschen aus allen Kontinenten, manche mit ihren Familien. Also gibt es eine Hauswirtschaft, die für das Wohl der Bewohner zuständig ist, und für die wird per Zeitungsanzeige eine Nachfolgerin gesucht. Ruth, komplett ernüchtert vom ach so feinen Bremer

Parkhotel, will unbedingt zurück nach Hamburg. Sie ist sofort fasziniert von dem Angebot, bewirbt sich und wird genommen. Dort lernt sie auch ihre langjährige Freundin Renate kennen, die als Chefsekretärin arbeitet. Renate und Ruth – das ist für die nächsten Jahre ein eingeschworenes Team.

Die Missionsakademie ist eine besondere Institution, eine wahre Begegnungsstätte. Hier können Menschen mit völlig unterschiedlichen kulturellen Prägungen im gemeinsamen Alltag zueinanderfinden. „Es war wirklich eine ganz bunte Mischung und für mich eine große Freude. Ich habe Menschen aller Nationalitäten kennengelernt, ganz hautnah. Wir lebten dort ja gemeinsam. Das ist so bereichernd!" Wie schon so oft zuvor hat sie eine sehr schöne Wohnung, diesmal in einem Häuschen hinter der Garage, romantisch gelegen im weitläufigen Garten, mit Blick ins Grüne.

Die mittlerweile 41-jährige Frau ist für den Einkauf und das Essen zuständig und ganz selbstverständlich für das Wohlbefinden der Studenten. Vor allem für die gute Atmosphäre. „Ich bin ja von Natur aus freundlich zu Menschen, ich lache gerne mit ihnen. Und ich koche gerne schönes Essen. Das kommt immer gut an." Die warmen Mahlzeiten werden abends serviert, häufig nach Rezepten aus der Zeitschrift „Brigitte", Ruths Lieblingslektüre in dieser Zeit. Sie vervielfacht die Mengen und bewirtet die etwa 75 Personen. Man isst gemeinsam, die zufriedenen Gesichter und viel Zuspruch zeigen, dass es schmeckt.

Es wird viel gefeiert. Wenn die Zeit der Studenten in der Akademie abläuft, laden sie zu großen Abschiedsessen. So lernt Ruth gleich in der ersten Woche, mit Stäbchen zu essen. Und immer wieder ist es ihr Gartenhäuschen, in dem man sich abends trifft. Es wird viel getanzt. Diese Leidenschaft hat sie vom Vater, und hier ist ein Student, der selbst den Tänzer aus

Multikulti in den 60er-Jahren:
Die Missionsakademie an
der Hamburger Uni ist eine echte
Begegnungsstätte

Pommern in den Schatten stellt: Jerry Ijemba aus Nigeria. Er
hat vorher in Rostock Medizin studiert und macht nun in Hamburg am Tropeninstitut eine Spezialausbildung. Ruth Rupp
kommt noch heute ins Schwärmen: „Der konnte tanzen, nein,
was konnte der tanzen! Und" – da haben wir's wieder – „wie der
lachen konnte! Eine wahre Freude!"

Die fröhliche, so entspannte Frau hat ein eisernes Prinzip:
kein Liebesverhältnis am Arbeitsplatz. Auch wenn es manchmal schwerfällt. Als sie an die Missionsakademie kommt,
wohnt dort Aboa aus Ghana, ein Mensch von besonderer Gelassenheit und Ruhe. „Ein wunderbarer Mann, den habe ich
wirklich geliebt. Aber eben nur platonisch, wie es so schön
heißt." Als er in seine Heimat zurückkehrt, begleitet sie ihn mit
anderen zum Bahnhof. Wenige Wochen später erreicht sie ein
Brief. Aboa schreibt: *„Beim Abschied am Hauptbahnhof habe ich
gelacht und gelächelt. Aber als der Zug wegfuhr, wurde ich sehr
traurig, weil es mir deutlich wurde, dass ich Ihr schönes Land
nicht mehr sehen würde, Ihre Freundlichkeit nicht mehr sehen
und genießen könnte."*

Viele der ehemaligen Bewohner schreiben ihr. Einer ist ein
angehender Pfarrer, mit dem sie immer Pernod trinkt, wenn er
samstagabends seine Predigt ausarbeitet. Der Aufstieg auf die
Kanzel am nächsten Morgen fällt ihm dann nicht immer leicht.
Zum Geburtstag schickt er einen Gruß aus der Ferne, offenbar
fasziniert von neuen Gebräuchen: *„Indien ist das Nonplusultra.
Hier ist alles da: Wilde Elefanten und zahme Studenten, die sich
in einem Gottesdienst bis zu 40 Mal auf die Knie werfen und den
Kirchenboden küssen."*

Aber auch in der Nienstedtener Rupertistraße lassen sich
indische Gebräuche studieren. Hier wohnt das Ehepaar Athmirtam in der traditionellen Rollenverteilung. Herr Athmir-

tam hat ausgesuchte Umgangsformen und nennt Ruth respektvoll „Frau Professor", seine Frau bleibt drei Schritte hinter ihm,
wenn sie zum gemeinsamen Postfach gehen, um die Post aus der
Heimat zu holen. Nur er darf die Briefe öffnen. Doch die neue
Umgebung führt zu einem ersten Umdenken, und die Studentenbewegung Ende der 60er-Jahre kündigt sich auch bei ihm
an, wenngleich noch sehr zaghaft. So schreibt Herr Athmirtam
seiner Frau einen Brief. Auf dass auch sie mal einen öffnen darf,
was er ihr ganz formell erlaubt. Was steht drin? „Ich liebe dich."

Studienfahrten führen die Bewohner der Missionsakade-
mie nach Dänemark oder Schweden. Ruth und ihre Kollegin
Renate sind dabei. „Zum Beispiel fuhren wir nach Lund in
Südschweden und erlebten dort die Universität. Was für eine
prachtvolle Uni! Wir dachten, wir sind im First Class Hotel!"
Neue Töne sind zu hören. Im Bus skandieren die Studenten „Ho
Chi Minh". Dass die Zeiten Ende der 60er-Jahre wilder werden,
aufmüpfiger und rebellischer, macht sich langsam auch in der
Akademie bemerkbar. Es herrscht Aufbruchsstimmung, bun-
ter wird's und weniger förmlich. Die Männer tragen Samt- oder
Cordhosen, die Bärte wachsen, die Haare reichen auf einmal
über den Hemdkragen. Auch der Ton ändert sich, wenngleich
die wirklich intensiven Auseinandersetzungen nur an der Uni
direkt stattfinden, nicht in der Akademie. „Da war richtig was
los!", freut sich Ruth Rupp heute „Und das im feinen Nienstedt-
en gleich hinter der Elbchaussee! Ich fand's witzig. Vor allem,
wenn ich an diese muffigen 50er-Jahre unter Adenauer zurückdenke, oder die 60er, wo vor allem Reisen und Konsum wichtig
waren – da war dieser Aufbruch ausgesprochen belebend."

Ausgerechnet in dieser Zeit verlässt der Studienleiter, der
Hauptverantwortliche in der Missionsakademie, das Haus. Pas-
tor Wille, ein freundlicher Mann, geht nach Uganda, und sei-

Ein Herz nicht nur für
Kinder, sondern auch für die
Kollegen: Ruth Rupp im
Hamburger Marienkrankenhaus

ne Stelle bleibt für einige Monate unbesetzt. In dieser Zeit im Sommersemester 1969 schmeißt das Duo Ruth und Renate den Betrieb alleine. Das kommt bei den Bewohnern sehr gut an – allerdings nicht bei den offiziellen Vorgesetzten der evangelischen Kirche, vor allem nicht bei Professor Margull, Inhaber des Theologischen Lehrstuhls an der Universität Hamburg. Ein eindrucksvoller Mann, groß, schlank, Anfang 40 und sehr machtbewusst. Wie eigenständig die beiden Frauen das Haus führen, gefällt ihm nicht. Wir kennen das schon: Ruth erlebt, dass ihre selbstbewusste Art Unwillen auslöst.

Die kleine Frau kommt ins Philosophieren. „Ich bin, wie natürlich jeder, in meinem Leben immer wieder herrschsüchtigen, ja, bösen Menschen begegnet. Wie soll man sich gegen sie wehren, vor allem wenn man in der untergeordneten Position, wenn man eigentlich hilflos ist? In der Schulzeit und im Krieg war das schlimm, da konnte und wusste ich noch nicht, wie ich damit umgehen sollte. Meine Strategien, mich nicht unterbuttern zu lassen, habe ich mir erst im Laufe des Lebens erarbeitet. Heute weiß ich: Man kann diesen Menschen nur den Wind aus den Segeln nehmen, wenn man nicht in sich zusammensackt oder wild dagegen angeht – es gelingt nur mit einem Lächeln. Das können die überhaupt nicht begreifen, es bringt sie ganz aus dem Konzept. Darauf ist keiner vorbereitet, das habe ich oft erlebt. Die wollen ja lieber, dass man zurückschreit, damit können sie umgehen. Mit einem Lächeln oder Lachen nicht. In meiner Arbeit war der tägliche Kontakt zu vielen Menschen ja ganz normal, und meine Erfahrung ist: Wenn ich freundlich bleibe, auch in sehr aggressiv aufgeladenen Situationen, geht's besser. Nicht belehrend oder empört, sondern freundlich. Manchmal mache ich dann auch einen Scherz. Und wenn ich Diskussionen oder Debatten erlebe, bei denen jeder im Raum denkt: ‚Oh Gott,

gleich gehen sie aufeinander los', dann fange ich an zu lachen.
Ein Nachbar, der das bei einer Versammlung in unserem Haus
erlebte, hat in einer solchen Situation mal zu mir gesagt: ‚Am
Lachen erkennt man den Narren.' Er meinte das überhaupt
nicht freundlich, aber eigentlich war es ein Kompliment. Denn
der Narr ist ja der einzige, der dem König die Meinung sagen,
ihm den Spiegel vorhalten darf."

Eine gute Strategie im Umgang mit Konflikten sichert leider
nicht den Job. Als ein neuer Studienleiter für die Missionsakademie gefunden ist, sieht Professor Margull seine Chance, an
der Rupertistraße durchzuregieren. Er nutzt sie weidlich. Zum
Geburtstag ihrer Mutter am 31. Oktober 1969 nimmt die Hauswirtschaftsleiterin ein paar Tage Urlaub und fährt nach Bremen. Als sie zurückkommt und wie immer die Zeitungen der
vergangenen Tage durchsieht, stößt sie im „Deutschen Allge-
meinen Sonntagsblatt" auf eine Stellenanzeige: Eine Nachfolgerin für ihre Position wird gesucht – ohne dass irgendjemand
mit ihr darüber gesprochen hätte. „Ich dachte, ich träume
schlecht! Das war ein Schock!"

Schnell macht die Neuigkeit die Runde. Die Studenten sind
empört, wie ein solcher Umgang mit Mitarbeitern wohl in einem
christlichen Rahmen möglich sei. Das tröstet sie sehr. Einer
von ihnen stellt den Kontakt zu einem Rechtsanwalt her, der
sonst für die Rebellen der Studentenbewegung tätig ist. Ruth
trifft sich mit ihm in einem Restaurant in St. Pauli. Er hat keine
Mühe durchzusetzen, dass die Hauswirtschaftsleiterin freige-
stellt wird und ihr Gehalt weitergezahlt bekommt, bis sie eine
neue Stelle gefunden hat. Das dauert ein paar Monate – und
bietet ihr eine wunderbare Gelegenheit für eine ausführliche
Studienreise durch Frankreich, Belgien und Holland.

Warum auch die nächste Arbeitsstelle wieder eine kirchliche

ist? Ruth weiß es nicht. Mit ungebrochenem Optimismus stürzt sie sich auf diese Aufgabe. Das Hamburger Marienkrankenhaus, in dem zu jener Zeit noch Nonnen als Schwestern arbeiten, ist Vorreiter bei der Essensversorgung seiner Mitarbeiter und will eine Cafeteria installieren, in der zum ersten Mal alle Angestellten des Krankenhauses, immerhin 500 Menschen, an einer zentralen Stelle verpflegt werden. Vorher hat die Küche alle Abteilungen einzeln mit Essen beliefert, und der Schwund an Mahlzeiten war enorm. Ruth Rupps Vermutung: „Da wurden offenbar ganze Sippen miternährt, ohne dass irgendjemand das kontrollieren konnte." Nun soll sie die neu zu eröffnende Cafeteria leiten.

Das Interessante: Niemand weiß, wie das laufen soll. Eine wunderbare Ausgangslage für die selbstbewusste Frau, die sich tatkräftig und ohne Ehrfurcht vor alten Zöpfen und Erbhöfen an die Arbeit macht. Sie kann zwar selbstständig schalten und walten, muss aber mit der Küche zusammenarbeiten. Und dort herrscht seit den 40er-Jahren Schwester Valeris, eine stämmige Person mit energischem Gesichtsausdruck, „ein Brecher", schmunzelt Ruth Rupp. Die Nonne hätte auch in einem Historien-Krimi eine sehr gute Figur abgegeben. Ihr Wort ist in der Küche Gesetz. Um die Taille ihres Habits trägt sie einen Gürtel, an dem ein silberner Löffel hängt. Mit dem prüft sie den Geschmack der Speisen und würzt regelmäßig mit reichlich Salz und Zucker nach. Widerworte zu geben, traut sich keine der anderen Frauen – nur die Neue. Der Anlass ist für Außenstehende eher unbedeutend, aber in der Küche herrscht atemlose Spannung, nachdem Schwester Valeris auf einen Topf mit Kartoffelklößen einen Deckel gelegt hat und die neue Leiterin der Cafeteria interveniert: „Da gehört kein Deckel drauf, dann werden die Klöße nichts." Alle erstarren angesichts des unerhörten Verstoßes gegen die Ordnung. Nur Schwester Valeris nicht. Sie schaut befremdet und nimmt den Deckel vom Topf.

Die Rituale in der Küche des kirchlichen Krankenhauses sind bizarr. Den Ärzten serviert die Nonne in einem Extraraum die feinsten Menüs, den Handwerkern des Hauses Kartoffeln, die schon blau angelaufen sind. Und zu ihrem Namenstag haben sich alle Untergebenen in einer Reihe aufzustellen. Dann schreitet die Herrscherin der Küche das Defilee ab und lässt sich von jeder eine rote Rose geben, bis alle im Chor sagen müssen: „Schwester Valeris, wir lieben Sie." Und wie in jedem Mittelalter-Krimi gibt es auch ein Gelass im Keller. Hier sitzen Frauen, die man in jener Zeit „gefallene Mädchen" nennt, frühere Striptease-Tänzerinnen und andere Gestrandete. Die schälen dort ab drei Uhr morgens Kartoffeln und putzen das Gemüse. Das Kommando führt eine Frau, die auch ein Lager hätte leiten können.

Noch heute schüttelt Ruth Rupp ungläubig den Kopf, wenn sie von den mittelalterlichen Zuständen berichtet, mit denen sie in den ersten Monaten ihrer Arbeit in dem, nun ja, traditionsreichen Krankenhaus konfrontiert wird. „So etwas hatte ich noch nie erlebt, vorher nicht und später erst recht nicht." Es gehört auch zu ihren Aufgaben, die Versorgung des Hauses in die Moderne zu führen. Sie ist für die gesamte Organisation zuständig. Täglich rauschen 500 Menschen an ihr vorbei, die mit Essen versorgt werden wollen, und langsam bekommt sie eine Struktur ins System. Sogar Schwester Valeris zollt ihr irgendwann ihre Anerkennung: „Die Frau Rupp, die macht das schon." Da heißt es schon „Frau" und nicht mehr „Fräulein".

Der Blick hinter die Kulissen des Krankenhauses bleibt dennoch unterhaltsam. Ruth lernt Ärzte kennen, die sich bei ihr ausweinen, und deren Ehefrauen, die telefonisch anfragen, wo ihr Mann wohl geblieben sei. Worauf sie tunlichst keine Auskunft gibt. Und sie erlebt immer wieder Mediziner, die sich ausgesprochen seltsam aufführen. Da ist zum Beispiel ein junger Arzt aus Bulgarien, der abends unbedingt etwas Bestimmtes essen will, das aber nun leider schon ausgegangen ist. Daraufhin tobt er den ganzen Tresen entlang – ein langer Tresen! –, schlägt immer wieder mit den Fäusten auf die Metallkante und ruft: „Ich will aber Würstchen haben, ich will aber Würstchen haben!" Die Leiterin der Cafeteria macht, was sie in solchen Situationen immer macht: Sie bricht in Gelächter aus.

So ungewöhnlich ist es nicht, dass Ärzte ihre Emotionen nicht unter Kontrolle haben. Wie ein zu jener Zeit berühmter Gynäkologe, ein sehr attraktiver Mann, der Schwarm vieler Krankenschwestern, aber ausgesprochen jähzornig. Der hat eine Lieblings-OP-Schwester, und wenn sie mal freihat, rennt er wie ein Berserker über die Flure und ruft: „Ich will jetzt Sigrid haben, schafft mir Sigrid heran!" Eines Abends steht er bei Ruth am Tresen und hat eine sehr schicke Krawatte um. Sie macht ihm dafür ein Kompliment, und er flüstert hinter vorgehaltener Hand: „Sie ist von meiner Freundin." Sie zurück: „Und ich dachte, von Ihrer Frau." Worauf er nur verschwörerisch lächelt.

Es ist eine wilde Zeit. Die Jugend rebelliert, und was in der Missionsakademie noch sehr zahm begonnen hat, steigert sich im Marienkrankenhaus der 70er-Jahre in echte Zerstörungswut. In der Klinik arbeiten viele Kriegsdienstverweigerer, die den Slogan dieser Jahre – „Macht kaputt, was euch kaputt macht!" – auf ganz eigene, irgendwie rührende Art interpretieren. So sind im Schwimmbad des Krankenhauses eines Morgens auf einmal die Spiegel zerschlagen, andernorts die Toiletten demoliert oder Abflussrohre demontiert. „Es war

manchmal sehr chaotisch", erinnert sich Ruth Rupp, kann sich
aber ein Grinsen nicht verkneifen. „Die jungen Leute haben
sabotiert, damit ordentlich etwas los ist, und auf diese Weise
gegen das Establishment protestiert. Und natürlich waren die
Täter schwer zu ermitteln, weil einfach zu viele Menschen im
Haus arbeiteten, und das rund um die Uhr."

Die Gelassenheit der kleinen Frau, die schon mit den Ma-
cken von reichen Leuten und Waisenkindern klargekommen
ist, teilen nicht alle Kolleginnen. Vor allem das Erscheinungs-
bild der Zivis, mit ihren Frisuren und Bärten echt wilde Gestalten, provoziert ungemein. „Eine Mitarbeiterin in der Cafeteria
regte sich über die jungen Leute auf, über diese Männer mit
langen Haaren, Gammler, wie sie sie nannte. Die konnte sich
nicht beherrschen, motzte die Männer an, gab ihnen, wenn's
Kotelett gab, immer die kleinsten Stücke Fleisch auf den Teller
oder versuchte, sich mit anderen kleinen Bosheiten an ihnen zu
rächen. Die war richtig hasserfüllt." Ruth Rupp lässt sich ihre
gute Laune nicht verderben. „Ich fand's amüsant. Ich konnte
es ja eh nicht ändern. Hätte ich den jungen Männern die Haare
schneiden sollen?"

Sie entspricht ja selbst nicht der Norm einer stromlinien-
förmigen Mitarbeiterin, die brav umsetzt, was andere ihr vor-
geben. „Im Marienkrankenhaus hatte ich eine Sprechanlage,
mit der ich Durchsagen ans Personal machen konnte. Und
mitunter habe ich einfach hineingesungen: ‚Kann denn Liebe
Sünde sein' zum Beispiel. Das hat den Kollegen gut gefallen, den
meisten jedenfalls."

Die Stelle im Marienkrankenhaus ist die erste, bei der sie
kein Zimmer vom Arbeitgeber gestellt bekommt. Daher zieht
sie mit in die Wohnung ein, die sie ein paar Jahre zuvor ihrer
Mutter besorgt hat. Hedwig Rupp hatte nach dem Tod ihres

Mannes, fern der Tochter, nichts mehr in Bremen gehalten. Hier wohnt Ruth Rupp noch heute.

DIE LIEBE FÜR EIN GANZES LEBEN

Zwölf wundervolle Jahre und ihr tragisches Ende

„Ruth, du machst den jungen Mann ganz verrückt." Halb streng, halb amüsiert ruft Hedwig Rupp ihre Tochter zur Ordnung. Es ist Sommer 1971 und die beiden sitzen beim Frühstück in einem kleinen Hotel des Ostseebades Timmendorfer Strand, wo sie gemeinsam Urlaub machen. Ruth, mittlerweile 45 Jahre alt, ist ganz fasziniert von diesem 25-jährigen jungen Mann mit kräftiger Statur und Vollbart. Wenn es auch manchmal hinderlich ist, nur 1,43 Meter zu messen, so hilft es ihr jetzt beim Flirten ganz enorm: Das Schlüsselbrett des Hotels hängt außer Reichweite der kleinen Frau, und Harm Drieling, so heißt der junge Mann, hilft nur zu gerne. Er ist die gute Seele des Hotels, zuständig für alles und jeden, zupackend, immer präsent, souverän im Auftreten und von umwerfendem Charme. Schüchtern ist er auch nicht, und an seinem freien Tag lädt er Ruth in ein Weinlokal ein. Dort wird getanzt, und Harm erweist sich als sehr guter Tänzer – sein nächster Pluspunkt. Mit einem Kuss nach einem wunderbaren Abend beginnt die Romanze. Für die beiden ist es die Liebe ihres Lebens.

Wie wird aus einer Urlaubsliebelei eine Liebesbeziehung? Beide telefonieren viel, und die Bahnfahrt von Hamburg nach

Was für ein cooler Typ!
Harm Drieling, den Ruth Rupp
1971 bei einem Ostsee-Urlaub
lieben lernt

Timmendorfer Strand dauert nicht lange. Es ist eine gute Übergangslösung, doch dann stirbt plötzlich Harms Vater. Der Fährschiffer und Gastwirt in Arnis an der Schlei wird eines Morgens tot aus dem Fluss geborgen. Harm kehrt zurück nach Hause, um die Mutter zu unterstützen – eine schwierige Situation für das verliebte Paar. „Aber ich habe nicht lockergelassen", erinnert sich Ruth Rupp. „Als bei ihm zu Hause wieder Normalität eingekehrt war, habe ich ihn überzeugt, nach Hamburg zu kommen. Das war für uns natürlich toll."

Harm ist ein ungemein kreativer Mensch. Weil er in eine dänische Schule gegangen ist, wo auch die Jungs in Handarbeiten unterrichtet werden, kann er häkeln, nähen und stricken. Eine rote Stola, die er für seine Liebste gehäkelt hat, liegt noch heute in Ruth Rupps Wohnzimmer über der Stuhllehne. Er provoziert aber auch gerne ein bisschen, setzt sich in Hamburg in die U-Bahn, holt sein Häkelzeug aus der Tasche und amüsiert sich über die befremdeten Blicke der Mitreisenden. Ein häkelnder Mann in den 70er-Jahren? Unerhört! Überhaupt, sein Humor! Die 91-Jährige bricht heute noch in glückliches Lachen aus, wenn sie von den vielen Scherzen erzählt, die ihr Harm so machte. „Einmal standen wir gemeinsam an der Ampel hinter einem jungen Mädchen, das eine dieser damals sehr schicken, sehr engen Lastexhosen anhatte. Harm tippte ihr auf die Schulter, sie schaute sich freudig um. Er lächelte sie an und sagte: ,Fräulein, ich wollte Ihnen nur sagen, Ihr Miederhöschen, das kneift.'"

Da haben sich zwei gefunden! Auch ihre Verlobung ist alles andere als formell. Sie sitzen im Zug auf dem Weg zum Polterabend von Ruths Cousin, als Harm aus seiner Tasche eine Flasche Sekt, zwei Gläser und ein kleines Kästchen herausholt. Dann sagt er: „So, nun wollen wir uns verloben!" Daraufhin stecken sich die beiden gegenseitig einen Ring an den Finger. Ein junger Mann, der verdutzt ins Abteil schaut, wird von Harm kurzerhand auf ein Glas Sekt eingeladen.

Doch die gemeinsame Zeit in Hamburg währt nicht lange, denn ein Freund bietet Harm die Geschäftsführung einer Bar in der Lübecker Altstadt an. Die Verlobte pendelt nun also immer zwischen den beiden Hansestädten hin und her. Eine selige Erinnerung: „Wenn ich daran denke! Wie viel Energie ich damals hatte! Wenn ein freies Wochenende vor mir lag, dann war ich schon am Freitagmorgen voller Hochgefühl, nach Lübeck zu fahren. Das war so schön, das kann ich heute noch empfinden!"

Und so ist die Idee, gemeinsam ein Haus in Lübeck zu kaufen, eine ganz natürliche. Ein historisches soll es sein, von denen es in der Innenstadt viele gibt. Es ist durchaus schon als Alterssitz gedacht, weil Ruth auf die Fünfzig zusteuert. Wer einmal ein Haus für sich und seine Liebsten gesucht hat, kennt das Gefühl, wie herrlich es ist, in dem Quartier herumzustromern, in dem man sich niederlassen will, mit wachsender Kennerschaft die Umgebung zu prüfen, die Bausubstanz, den Grundriss, die Ausblicke. Immer begleitet von der Frage: „Wollen wir hierher nach Hause kommen?" Und die Lübecker Altstadt, zwar von einigen Bausünden der 60er- und 70er-Jahre verunstaltet, bietet viele dieser Sehnsuchtsorte. Schließlich finden Ruth und Harm ihren Traum, ein hochromantisches Haus im Hellgrünen Gang, einem der schönsten Gänge der an Attraktionen so reichen Altstadt. Durch den Eingang zu diesem Idyll im Hof, einen Durchgang in der Bebauung zur Straße hin, können Ruth und Hedwig Rupp erhobenen Hauptes gehen, alle anderen müssen sich bücken.

Ein Fischerhaus von 1572 ist es, natürlich unter Denkmalschutz stehend, das die beiden im Jahr 1974 unter finanzieller

Die kleine Henrietta, ein
possierlicher Papillon, für den
Harm eigens zu einem
Züchter am Bodensee fährt

Mithilfe der Mutter kaufen. „Es war ein Traum! Ein so schönes
Haus in dieser wunderbaren Lage!" Ruth Rupp schwärmt, holt
Fotos hervor, zeigt auf die Stickerei im Wohnzimmer, auf der
Harm ihr Haus porträtiert hat. Es gibt viel zu tun. Das Dach ist
frisch gedeckt, aber die Fenster aus Mahagoni, eine typische
Sünde der 70er-Jahre, müssen natürlich wieder Sprossen-
fenstern weichen. Von oben beginnend, Etage für Etage, wird
das viergeschossige Schmuckstück saniert, vieles, sehr vieles
in Eigenhilfe. Das geht leider nicht ohne einen Unfall ab. Eines
Tages fällt die Bauherrin durch die Decke. Ein neuer Fußboden
wird verlegt, und sie balanciert über die verbliebenen Balken,
um sich im oberen Bad die Hände zu waschen. Das geht schief,
sie saust einen Stock tiefer und kommt sehr unglücklich mit
dem linken Fuß auf. Der Anblick: ein Schock. Im Krankenhaus hat zum Glück ein Arzt Dienst, der sich auf solche Brüche
besonders gut versteht. Am intensivsten aber ist der Patientin
der Anästhesist in Erinnerung geblieben. Er erzählt zum Ende
der Operation hin immer mehr Witze, um sie bei Laune zu
halten. Der Grund: Die Betäubung, eine Rückenmarksspritze,
lässt langsam nach, die Scherze sollen vom anschwellenden
Schmerz ablenken. Es dauerte neun Monate, bis sie wieder voll
einsatzfähig ist.

Langsam aber nimmt das Haus Gestalt an. Ganz oben, unter der Schräge, ist das Schlafzimmer mit einer gemütlichen
Sitzecke. Darunter das Reich der Hausherrin mit einem Badezimmer, im ersten Stock die Beletage mit Wohnraum und Küche, im Erdgeschoss eine kleine Wohneinheit mit Dusche, WC
und Kochstelle. „Es war ein wunderbarer Platz für uns", strahlt
sie, „für jeden einzeln, aber eben auch gemeinsam. Es war ein
Hochgefühl, dorthin zu fahren. Mein Liebster, das Haus! Ich
bin vom Bahnhof so schnell wie es ging zu uns gegangen, wir

haben uns umarmt und geküsst, zusammen einen Kaffee getrunken, und dann hat einer von uns gekocht. Harm konnte das gut. Und das Frühstück am Sonntag war einfach herrlich, stundenlang haben wir im Morgenmantel herumgesessen und uns Geschichten aus der Woche erzählt. Das waren wahre Momente des Glücks. Wir hätten die ganze Welt aus den Angeln heben können. Wir haben uns auf unsere gemeinsame Zukunft gefreut, wenn ich erst meine Arbeit im Marienkrankenhaus beendet hätte und ganz nach Lübeck ziehen könnte."

Voller Tatendrang gestalten sie ihr Leben. Als in Lübeck, wie alle zwei Jahre, Altstadtfest ist, richten sie spontan und gemeinsam mit den Nachbarn im Innenhof ein Café ein, mit Kaffee und selbstgebackenem Pflaumenkuchen. Harm malt ein Schild mit einer Kaffeekanne, um auf sie aufmerksam zu machen – aber dass der Andrang so groß sein würde, damit rechnen sie nicht. Ein Stück Kuchen mit einer Tasse Kaffee für 2,50 Mark: Diese Nachricht verbreitet sich wie ein Lauffeuer, und sie kommen aus dem Backen nicht mehr heraus. Was für ein Ansturm! Schnell wird auch deutlich, dass für die Gäste Toiletten gebraucht werden. Dafür müssen dann ihre privaten herhalten. Zwei Jahre später ist alles viel professioneller, aber gerade das improvisierte Programm der Premiere ist unvergesslich. Inklusive des amerikanischen Ehepaars auf Europatour, das gar nicht mehr aufhören kann zu schwärmen: „Such a wonderful place!"

Harm ist ein häuslicher Mensch, der gerne einkauft, kocht und bügelt, aber auch ein verrückter Kerl. Hedwig Rupp, die ihn liebt, beklagt sich immer mal, er fange tausend Sachen an und bringe nichts zu Ende. Aber die Tochter antwortet nur: „Lass ihn doch." Und so bleibt sie auch gelassen, als er sie einmal spätabends anruft. Er müsse ihr etwas gestehen. Er habe

Das Haus von Ruth und Harm
im Hellgrünen Gang,
einem der schönsten Gänge des
historischen Lübeck

einen Hund gekauft, einen Papillon mit weiß-schwarzem Fell und großen Ohren. „Sag mal lieber nichts, komm nach Lübeck, dann wirst du dich freuen und nicht mehr schimpfen." Und so ist es. Die Vorgeschichte sagt viel aus über den begeisterungsfähigen Mann mit seinen vielen Ideen: In einer Tierzeitschrift entdeckt er die Anzeige einer Züchterin, steigt in Lübeck in den Zug und in Koblenz wieder aus. Da er die angegebene Adresse nicht finden kann, geht er zur Polizei. Auf dem Revier erfährt er, dass es die Adresse der Züchterin in Koblenz gar nicht gibt. Weil er das nicht glauben will, versetzt er das Personal regelrecht in Rage. Erst eine ganze Weile später sieht er ein, dass die Polizisten recht haben – weil er Koblenz mit Konstanz verwechselt hat. Als er das endlich begriffen hat, setzt er sich wieder auf die Bahn und fährt ein paar Stunden weiter gen Süden zur Züchterin. Von dort bringt er aus dem Wurf jenen Welpen mit, der genauso ist wie er: ohne Scheu und sehr kontaktfreudig. Hortense heißt die Hündin, wird aber umgehend in Henrietta umgetauft. „Hortense" – Ruth Rupp näselt den Namen in französischem Ton – „war uns als Name dann doch zu blöd."

Das niedliche Tier ist sofort der Liebling der gesamten Familie. Henrietta hat Charakter. Vom Wesen her freundlich, gibt es ein paar wenige Leute, die sie nicht mag. Sie bellt nicht, sie beißt erst recht nicht, sondern nimmt eine geradezu würdevolle Haltung ein. Eine herrliche Szene, wie Ruth Rupp das heute vorführt: Sie reckt den Kopf, dreht ihn ein wenig zur Seite und macht einen pikierten Gesichtsausdruck. „Stiff upper lip" – so nennt das der Engländer. Aber klein, wie sie ist, hat Henrietta vor allem possierliche Auftritte. So steckt Harm sich das Hündchen unter die Jacke, nur dessen Kopf mit den großen Ohren schaut heraus. Vor allem alte Damen finden das entzückend. „Ach, wie niedlich, ach, wie süß!" Darauf Harm: „Und ich?"

Gerade hat er seine Ausbildung zum Hotelkaufmann abgeschlossen, um beruflich durchzustarten, als das Glück ein jähes Ende hat.

Es ist der 21. Februar 1983. Das Paar hat das Wochenende in Hamburg verbracht, und Harm will zurück nach Lübeck. Vorher bringt er Ruth mit dem Auto aber noch zur Arbeit im Marienkrankenhaus. Während der Fahrt sagt er plötzlich zu ihr: „Hörst du die Sirenen? Da ist irgendetwas los." Ruth wundert sich, denn da sind keine Sirenen. Er setzt sie am Haupteingang des Krankenhauses ab und fährt davon. Sie bleibt stehen, schaut dem Auto hinterher und denkt: „Man weiß es nicht, es kann ja vielleicht auch das letzte Mal gewesen sein."

Es gibt die Verabredung, dass er sich meldet, sobald er in Lübeck angekommen ist – aber dieses Mal lässt er nichts von sich hören. Stattdessen kommt mittags der Anruf von Freunden, Hannelore und Rainer, die im Hellgrünen Gang direkt gegenüber wohnen: Harm ist mit Verdacht auf Herzinfarkt ins Krankenhaus eingeliefert worden.

Sofort fährt Ruth nach Lübeck und gemeinsam mit den Freunden ins Krankenhaus. Die erzählen ihr unterwegs, dass Harm zu ihnen gekommen sei, über Atemnot geklagt habe und dann mit dem Notarzt in die Klinik eingeliefert wurde. Mehr wissen sie nicht. Im Krankenhaus angekommen, bittet ein junger Arzt die tief besorgte Frau in sein Zimmer. „Er stellte mir erst einmal alle möglichen Fragen nach Vorerkrankungen – bis ich ihn schließlich unterbrach: ‚Nun sagen Sie mir bitte endlich, dass mein Mann tot ist.' Ich sehe immer noch die Augen dieses Arztes. Ja, so war es. Die Rettungsmaßnahmen hatten nichts geholfen. Harm war tot. Mit 37 Jahren."

Von einem Moment zum anderen aus einem glücklichen Leben zu fallen – in so einen unvorstellbaren Schock! „Ich war wie in Trance. Als ich zu den Freunden kam, begann Hanne-lore zu weinen und zu schreien. Ich nicht. Ich war erstarrt. Als wir schließlich zurückfuhren, konnte ich nicht in unser Haus gehen. Ich habe diesen Widerstand richtig körperlich gespürt! Also ging ich zu den Freunden und fuhr aber abends wieder nach Hamburg. Als ich auf dem Hauptbahnhof ankam, sah ich alles wie durch einen Nebel. Morgens hatte Harm mich zur Arbeit gefahren, mittags bekam ich den Anruf und abends kreisten meine Gedanken darum, wo er beerdigt werden sollte. Alles an einem Tag."

Von einem Tag auf den anderen ist die Perspektive auf ihr zukünftiges Leben dahin: die Jahre, die sie gemeinsam mit ihrem Mann im Lübecker Haus verbringen wollte, die Träume, das Glück, die Sicherheit. Nach zwei Liebesbeziehungen, die sich nicht erfüllen konnten, hatte Ruth endlich die Liebe ihres Lebens gefunden – und jäh wieder verloren.

In den Tagen nach dem plötzlichen Tod wird die Vorge-schichte offenbar. Harm hatte schon vor seinem Herzinfarkt zwei Erstickungsanfälle, seiner Frau aber nichts davon er-zählt, um sie nicht zu beunruhigen. Hätte er an jenem Morgen, als er sie am Marienkrankenhaus absetzte, nicht einfach mit hineinkommen können? „Ja, er hat sich ja schon nicht mehr gut gefühlt! Die Sirenen im Kopf, sie waren Vorboten! Er hätte nur mit mir ins Krankenhaus zu gehen brauchen. Aber das sollte nicht so sein. Und ich habe ja, ohne zu wissen warum, gedacht: Man weiß nicht, wann man jemanden zum letzten Mal sieht. Den Gedanken hatte ich vorher nie. Das war eine Vorahnung."

Sie kommt ins Sinnieren. „Harm war ein Widerspruch in sich. Er war ein typischer Krebs, drei Schritte vor, zwei zurück. In der Gastronomie zu arbeiten ist ja unglaublich fordernd, das

habe ich während meiner Zeit im Parkhotel selbst erlebt. Er
hat zwar nicht getrunken, aber sehr stark geraucht. Er hat viel
unternommen, um davon wegzukommen, selbst mit Hypnose,
aber es gelang einfach nicht. Er wusste genau, wie man gesund
lebt, mit Ernährung und allem, aber das Rauchen war sein
Schwachpunkt. Er war auch ein ausgezeichneter Schwimmer,
konnte sehr weit in die Ostsee hinausschwimmen. Das hätte
er pflegen sollen. Aber das ist ja auch das Verrückte: Den Menschen, denen Sie am allernächsten stehen, können Sie nicht
helfen. Die mauern, das ist vergebene Liebesmüh. In einem
neutralen Umfeld gelingt das vielleicht, mit anderen, die dasselbe Problem haben. Aber nicht mit den Liebsten. Harm hat
auch gemauert. Er hat in unserem Haus in Lübeck schließlich
unten im kleinen Zimmer geraucht, damit der Rauch nicht im
Haus hing. Henrietta und ich haben uns die Decke über den
Kopf gezogen. Irgendwann habe ich es aufgegeben. Den Partner
erziehen zu wollen, bringt nur Ärger. Ich habe gedacht, er ist
ein erwachsener Mensch, er weiß so viel, das muss er jetzt auch
wissen. Da war mir meine Mutter Vorbild, die meinen Vater hat
machen lassen. So war es eine glückliche Ehe. Und mit Harm
waren es auch sehr, sehr glückliche Jahre."

Wie verarbeitet man einen solchen Schock? Ruth hat ein
simples Rezept: Arbeit. Wie schon beim Tod des Vaters ist sie
diejenige, die alles zu regeln hat. Der Mann ihres Lebens wird
beigesetzt in der Hamburger Grabstätte, in der auch sein Vater liegt. Und dann muss die Eigentumssituation des Hauses
geklärt werden. Als Eigentümer im Grundbuch ist Harm ein-
getragen. Da er und Ruth nicht verheiratet waren und es kein
Testament gibt – gerade sollte es aufgesetzt werden –, steht
Ruth als Verlobte in der Erbfolge an letzter Stelle. Sie kann mit
Harms Familie all das einvernehmlich regeln und das Haus

auch offiziell in Besitz nehmen. Aber als Wohnort, als Zuflucht oder Heimat ist es Geschichte. Noch drei Jahre behält sie es und verkauft es dann an ihre Freunde Hannelore und Rainer. Der Erlös geht in eine kleine Leibrente.

Noch drei Jahre Arbeit bis zur Rente warten auf Ruth. Ein Segen, findet sie. „Der tägliche Kram lenkt einen ab, man kann nicht ständig über die schrecklichen Geschehnisse nachdenken und bleibt so ins Leben integriert. Das ist meine Erfahrung. Vielleicht habe ich auch im Krieg gelernt, dass man die schrecklichsten Situationen irgendwie bewältigen kann. Wenn mir vorher jemand gesagt hätte, was auf mich zukommt, hätte ich gesagt: Das kann ich nicht, das schaffe ich nie. Aber dann geht es doch. Ich bin in meinem Leben nie wirklich komplett hilflos gewesen. Woher ich die Kraft nehme, weiß ich nicht. Aber es gibt sie."

Wie bemerkenswert: Ruth Rupp empfindet das Glück dieser Jahre mit Harm Drieling immer noch. Das schreckliche Ende durch seinen plötzlichen Tod, die Tragik der zerstörten Hoffnungen und Träume wirft keinen Schatten darauf. Auch heute noch, so viele Jahre danach, ist sie voller Dankbarkeit für viele wundervolle Erlebnisse. „Wir waren zwölf Jahre zusammen, und wie immer in meinem Leben waren es unglaublich intensive Jahre. Mit vielem, was ganz neu war, wunderbar zu entdecken und zu erleben! Es war eine glückliche, herrliche Zeit. Eine erfüllte Zeit. Diese zwölf Jahre können für ein ganzes Leben stehen. Bei Harm bin ich zur Ruhe gekommen, war ich im besten Sinne angekommen. Mit Jakob Herrmann und Gregor konnte sich die Liebe nicht erfüllen. Anders mit Harm. ‚Hier, bei diesem Mann, kannst du bleiben' – das war mir sofort klar. Und deswegen haben wir das Haus gekauft. Wenn ich zurückdenke an diese Zeit, dann bin ich nicht traurig oder denke an das schreckliche Ende. Dann denke ich: Was hatten wir für eine schöne Zeit!"

Sie wird energisch: „Und das Leben geht weiter! Ich kann Menschen überhaupt nicht verstehen, die auf Jahre oder gar Jahrzehnte in der Trauer versinken! Selbst wenn sie in meinem Alter sind, können sie sich noch einmal verlieben. Natürlich ist die Erinnerung da, die endet nie. Aber es ist eine wunderschöne Erinnerung. Ich habe Fotos meiner Lieben über dem Bett hängen, und wenn ich morgens aufwache, dann begrüße ich sie: ‚Guten Morgen, meine Lieben.' Und so verbinde ich mich mit Harm immer wieder aufs Neue."

An jedem einzelnen Tag.

DIE HELDENHAFTE TOCHTER

Pflege der Mutter und Aufbruch in die Welt

„Denn eins ist sicher: Die Rente." Auf 15 000 Litfaßsäulen in ganz Deutschland ist der heute legendäre Satz von Norbert Blüm plakatiert, als Ruth zu ihrem letzten Arbeitstag im Hamburger Marienkrankenhaus antritt. Es ist der 3. März 1986, und den gut alimentierten Vorruhestand, der für sie nun beginnt, hat sie dem Arbeitsminister der Regierung Kohl und einer Betriebsrente ihres Arbeitgebers zu verdanken. 35 höchst unterschiedliche Arbeitsjahre liegen hinter ihr, und dieser Tag wird ein besonderer.

Er beginnt mit der Verabschiedung durch den Verwaltungsdirektor Strauß, die Oberin als Chefin des Pflegedienstes und den Ärztlichen Direktor. Mehrere Mitarbeiter gehen in den Ruhestand, und sie stehen ein bisschen unschlüssig im Vorzimmer der Verwaltungsdirektion herum. Wer durchbricht das Zögern? Natürlich die Kleinste von allen. Zielstrebig geht sie voraus, die anderen hinterher. Und sie lässt es sich nicht nehmen, dem obersten Vorgesetzten am letzten Tag von 16 Jahren noch ein paar nette Worte mitzugeben. Er hat nämlich eine höchst sonderbare Angewohnheit – er kann Menschen nicht in die Augen schauen. Als sie nun vor ihm steht, sagt Ruth zu ihm:

Ruth und Hedwig Rupp im Jahr 1991,
die Mutter schon
gezeichnet von ihrer Demenz

„Herr Strauß, es wäre sehr nett, wenn Sie mich jetzt mal angucken, denn Sie werden mich wohl nie wiedersehen." Die Oberin grient von einem Ohr zum anderen, der Verwaltungsdirektor windet sich vor Verlegenheit. Schnell serviert er einen Wermut und hält eine kleine Rede. „Die war wirklich schön", erinnert sich die heute 91-Jährige. „Einsatzfreudig – das Kompliment erinnere ich noch."

Der letzte Tag vergeht wie im Rausch. Die hauseigene Bäckerei liefert Kuchen für alle, ständig kommen Kollegen, bringen Blumen und kleine Geschenke. „Ich war stark erkältet, aber auch ergriffen. Warum auch immer: Mir liefen den ganzen Tag die Tränen, ob vor Erkältung oder Rührung. Ich habe ständig geschnieft. So viel Anteilnahme, so viel Freundlichkeit – das war nicht einfach." 16 Jahre sind eine lange Zeit, die mit Abstand längste, die sie in einem Arbeitsverhältnis zugebracht hat. Ein Taxi muss schließlich her, um all die schönen Sachen nach Hause zu transportieren, und sie werden erst einmal bei der Nachbarin im ersten Stock untergebracht, um nicht gleich alles in den dritten Stock schleppen zu müssen. Dort gibt es Kaffee, und so sitzen Ruth, ihre Mutter und die Nachbarin erst einmal zwei Stunden beisammen, bis sich die frischgebackene Rentnerin halbwegs beruhigt hat.

Der nächste Tag? Herrlich. „Das Allerschönste war: ausschlafen! Ich habe seither nie wieder einen Wecker benutzt, nie wieder. Wenn ich zu einer bestimmten Zeit aufstehen muss, werde ich von alleine wach." Aber für ein Rentenloch bleibt keine Zeit. Denn die eine Verpflichtung wird von der nächsten abgelöst: Hedwig Rupp, 87 Jahre alt, wird zum Pflegefall.

Die alte Dame hat eine Gefäßentzündung im Kopf, die lange unentdeckt geblieben ist. „Das lag auch daran", erregt sich die Tochter heute, „dass sie immer zu einem Hausarzt gegangen ist, weil er Friedrich hieß, wie ihr Ehemann. Sie gehörte ja zur obrigkeitshörigen Generation, und ein Arzt war für sie eine absolute Autorität. Nachdem ich viele Jahre im Marienkrankenhaus gearbeitet hatte, sah ich das völlig anders. Da ist mein Glaube an ihre unfehlbare Autorität verloren gegangen. Als ich einmal mitging zu ihrem Hausarzt, leider zu spät, sagte ich hinterher zu ihr: ‚Mutti, zu dem Arzt gehst du nie wieder!' Aber da hatte die Entzündung bereits Schäden angerichtet. Sie war auf einem Auge blind und auf einem Ohr taub."

Und Hedwig Rupp wird dement. „Ich konnte das zuerst gar nicht glauben – meine Mutter, so eine tolle Frau! Aber dann holte sie mich in Hausschuhen vom Bahnhof ab, kaufte beim Schlachter pausenlos Herz für Henrietta, bis der ganze Kühlschrank damit gefüllt war. Beim Kaufmann sagte sie, ihre Handtasche sei weg, obwohl sie doch zu Hause lag." Eine schwere Zeit beginnt, die nächste nach der großen Trauer um den geliebten Harm. Acht Jahre der Pflege, gemeinsam in einer 50 Quadratmeter großen Zwei-Zimmer-Wohnung.

„Wenn ein Mensch pflegebedürftig wird", lernt die Tochter, „müssen Sie einen ganz festen Rhythmus einhalten. Das wusste ich zunächst nicht, es hat mir auch keiner gesagt, ich habe es aber schnell entwickelt. Sie müssen sich einfühlen in die Situation. Sie müssen sich ganz einlassen, sich komplett auf den alten Menschen einstellen. Aufstehen, die Mahlzeiten, die Körperpflege, Spazierengehen, die Schlafenszeiten – alles war klar strukturiert. Ich bin zwischen 8 und 9 aufgestanden, habe mich fertig gemacht und dann Frühstück für uns bereitet. Meine Mutter war zum Glück pflegeleicht. Sie lag einfach im Bett, auch wenn sie nicht mehr schlief. Dann wusch ich sie, putzte mit ihr die Zähne, brachte sie zur Toilette, zog sie an." Hedwig Rupp schläft in einem stilvollen italienischen Schlafsessel. Den hat die Tochter am feinen Neuen Wall in der Hamburger Innenstadt im Schaufenster entdeckt – und ihn in diesem Schaufenster auch direkt einer ausführlichen Liegeprobe unterzogen. Er ist ideal für die zierliche Figur der Mutter, auch weil er sehr niedrig ist, sodass sie sich beim Herausfallen nicht verletzten kann. Und Ruth kauft ihr ein Morgenmäntelchen aus Frottee. „Wenn sie dann mit ihren kleinen Füßchen auf dem Stuhl oder Sofa saß, konnte man beim Anblick ihrer Beine denken, da sitze ein junges Mädchen. Ein schöner Anblick."

So lange es geht und die Treppen in den dritten Stock noch zu überwinden sind, gehen die beiden spazieren, Henrietta immer direkt hinter der Mutter. Der Anblick ist in der Nachbarschaft bekannt: die beiden kleinen Frauen mit dem kleinen Hund. Henrietta ist das ganze Glück von Hedwig Rupp. Sie hatte vorher schon Tiere besessen, Kanarienvögel namens Hamlet, Orpheus, Eurydike und Papageno. Aber dem Hund gehört ihre besondere Liebe. Und er kümmert sich rührend. „Wenn ich meine Mutter abends ins Bett brachte, legte sich Henrietta ans Fußende, und beide waren glücklich. Wenn ich später schlafen ging, hatte sie sich schon aufgemacht und wartete mit aufgestellten Ohren auf meinem Bett. Dort schlief sie dann, um rechtzeitig morgens wieder den Platz zu wechseln. Wenn meine Mutter aufwachte, lag der Hund dort, und meine Mutter verkündete selig: ‚Guck mal, nun hat sie die ganze Nacht bei mir geschlafen.' So ein pfiffiges Tier."

Mittlerweile selbst eine „alte Dame", bekommt Henrietta einen Tumor und muss eingeschläfert werden. Schmerzlich genug für Ruth, eine Katastrophe für ihre Mutter. „Sie hat mich an den Haaren aus dem Bett gezerrt und geschrien: ‚Du hast meine Henrietta umgebracht!' Eine Weile bin ich woanders einkaufen gegangen, damit ich nicht von den Leuten danach gefragt wurde, wo der niedliche kleine Hund geblieben sei." Henrietta wird auf einem Tierfriedhof bestattet.

Schwere Momente sind zu überstehen. Wenn die Tochter zum Einkaufen geht, muss sie die Wohnungstür hinter sich abschließen, die Mutter hätte bei einem Klingeln jedem geöffnet. „Das tat mir in der Seele weh! Ich hatte meine Mutter über viele Jahrzehnte als lebendige, schlagfertige, patente Frau erlebt, und dann kam der Punkt, an dem ich sie einschließen musste! So geht Schritt für Schritt viel Vertrautes verloren, baut ein Mensch immer mehr ab, müssen Sie sich von immer mehr lieb gewordenen Gewohnheiten verabschieden. Bei Kindern, die man betreut, geht es aufwärts, die werden selbstständiger. Bei alten Menschen erlebt man, wie sie immer weiter abbauen. Meine Mutter rief irgendwann „Mutti, Mutti" nach mir, „Mutti, hilf mir", und ich nannte sie „Hedwig". Manchmal rutschte sie von der Toilette und lag davor auf dem Boden. Ein alter Mensch hat keine Körperspannung mehr, es ist so schwer, ihn anzuheben. Meine Mutter war sehr zierlich, und so bekam sie davon, dass ich sie fest an den Armen fassen musste, blaue Flecke. Wenn sie größer oder schwerer gewesen wäre, hätte ich das nicht gekonnt. Aber es ging so gerade eben."

Der Lebensradius wird immer kleiner. Wenn die Tochter die Mutter abends zu Bett gebracht hat, sieht sie fern oder schreibt Briefe. Die Kontakte zu Freunden und Verwandten hält sie übers Telefon. So lange sie ein Bewusstsein dafür hat, beschwert sich die Mutter immer mal, sie könne ja wohl nicht ständig auf ihre Kosten telefonieren! Die einzige Hilfe, die Ruth hat, sind Angehörige oder Nachbarn, die abends mal einhüten für einen selten gewordenen Besuch im Theater oder Konzertsaal. Wenn sie aus der Tür ist, fragt die Mutter als Erstes:

„Kommt Ruth auch wieder?" Das ist ihre große Angst – dass die Tochter sie verlassen könnte.

Es ist der 6. Oktober 1993, als Hedwig Rupp Husten bekommt. Die Tochter telefoniert mit der Ärztin, die sie die ganzen Jahre betreut hat. „Ich fütterte sie noch mit etwas Buttermilchsuppe, die sie so gerne mochte, und schlief auf dem Sofa neben ihr. Später wachte ich auf und bemerkte, dass sie das Bewusstsein verloren hatte. Ich wusste, dass sie jetzt sterben würde. Die Aufnahmeleiterin des Marienkrankenhauses, mit der ich telefonierte, riet mir, sie bringen zu lassen. Und so kam sie mit dem Notarztwagen ins Krankenhaus. ‚Das ist jetzt die letzte Reise für ihre Mutter', sagte einer der Pfleger. ‚Ich weiß', antwortete ich. Keine lebensverlängernden Maßnahmen mehr, nur Flüssigkeit und Morphium gegen Schmerzen – das war die Verabredung mit den Ärzten." Am 15. Oktober will die Tochter gerade zu ihr ins Krankenhaus, da bekommt sie einen Anruf, der etwas länger dauert, trifft auf der Straße auch noch eine Bekannte – und als sie endlich auf der Station eintrifft, kommen die Schwestern auf sie zu: „Frau Rupp, wir haben so auf sie gewartet, Ihre Mutter ist gerade eingeschlafen." Mit 94 Jahren ist Hedwig Rupp gestorben.

„Es war ein schöner Abschied", erinnert sich die Tochter. „Sie lag in einem Einzelzimmer, hatte eine rote Rose in ihren Händen und schaute ganz friedlich. Ich saß zwei Stunden bei ihr am Bett, sprach mit ihr, kämmte sie noch einmal. Das war schön. Unangenehm war, als ich aus dem Zimmer kam und gegenüber der Tür ein Mann saß, der mich seltsam forschend ansah, fast wie ein Voyeur. Er wusste wohl, dass dort jemand gestorben war. ‚Warum guckt der so?', schoss es mir durch den Kopf. Aber als ich aus dem Haupteingang heraustrat, war es, als fiele alles von mir ab. Alles, was mich die ganzen Jahre so eingeengt und auf meinen Schultern gelastet hatte, war auf einmal weg. Es war ein wunderbares Gefühl von Freiheit. Ich ging nach Hause, saß vielleicht zwei Stunden auf dem Sofa und dachte nach. Irgendwann kamen die Tränen."

68 Jahre alt ist Ruth Rupp, als ihre Mutter neben dem Vater und Harm beerdigt wird. Völlig selbstverständlich hat sie acht Jahre lang die Pflege der immer hinfälligeren alten Frau übernommen, Belastungen auf sich genommen, an denen andere zerbrechen. „Ich bereue es überhaupt nicht", sagt sie heute. „Es war richtig. Aber es war auch gut, dass es irgendwann vorbei war. " Sie zitiert eine Titelzeile aus dem „Spiegel": „Die heldenhaften Töchter". „Meine Generation sind die Frauen, die sich bedingungslos um ihre Eltern gekümmert und jede Arbeit verrichtet haben, die nun mal zu verrichten ist, wenn ein Mensch alt und pflegebedürftig wird. Heute sind alle berufstätig, wer kann sich da schon kümmern? Ich konnte das, das war ein großes Glück – für meine Mutter, aber auch für mich."

Es ist schon erstaunlich: acht Jahre der Pflege einer dementen Frau, oft unter Aufbietung aller Kräfte, acht Jahre des unmittelbaren Erlebens von körperlichem und geistigem Verfall – ein großes Glück? Ja, weil in der Bilanz von 91 Lebensjahren eine wertvolle Zeit auf die Haben-Seite gekommen ist, weil eine wichtige Aufgabe gemeistert wurde: der geliebten Mutter ihre letzten Jahre in Würde und umsorgender Nähe geschenkt zu haben. Nicht weglaufen, nicht ausweichen, sondern sich ganz einlassen und hingeben – so hat Ruth Rupp es in ihrem Leben immer gehalten. Das macht sie heute so zufrieden. Und Zufriedenheit bedeutet eben auch, mit sich selbst im Frieden zu sein.

Aber nun, mit 68 Jahren, ist Ruth das erste Mal in ihrem Leben ganz ohne Bindungen, ohne Mann, Eltern und Kinder. Sie ist frei. Sie macht sich auf in ein neues Leben. In fast sieben Jahrzehnten hat sie gelernt: Entscheidende Dinge kann man nicht planen, die müssen sich ergeben. Sie fallen einem zu. Und dann muss man sie ergreifen. Und wenn sie etwas gelernt hat als Haus- und Kindermädchen, bei reichen Leuten und Waisenkindern, in einem Hotel, in einer internationalen Begegnungsstätte und in einem großen Krankenhaus, dann Folgendes: wie man mit Menschen in Kontakt kommt, ganz ohne Berührungsängste und falsche Scham.

Als Erstes räumt sie die Wohnung um. Und geht dann auf Reisen. Von 1994 bis 2002 verbringt sie jedes Frühjahr mit einer Tante auf Mallorca. Sie schwärmt: „Das war herrlich! Diese Mandelblüte! Und dieser Restaurantchef José Maria, mit dem ich immer so wunderbar flirten konnte. Das war nach den acht Jahren, in denen der Radius meines Lebens so klein geworden war, ein großes Geschenk. Beim ersten Mal flogen wir Ende Februar dorthin, und es war ein typischer Hamburger Winter. Als wir dort ankamen, lagen die Menschen schon in Badehose und Bikini am Strand, natürlich ungewöhnlich auch für Mallorca, aber für mich erst recht! Ich habe mich dort unglaublich wohlgefühlt, gerade nach dem, was ich hinter mir hatte. Eine wahre Freude, schon die Vorfreude auf diese Wochen! Ein Geschenk des Himmels!" Ihren 70. Geburtstag feiert sie dort, wird mit Blumen überhäuft und bekommt vom schönen José Maria mit lautem Knall Champagner serviert.

Zum 75. Geburtstag ist sie in den USA, diesmal mit ihrer Cousine Brigitte, deren Tochter Anne und Brigittes Mann Hajo. Sie wohnt in Boston, das ihr gut gefällt, und bekommt zum Geburtstag Karten für die Metropolitan Opera in New York geschenkt. Die Architektur der Met ist gewaltig, der Klang hervorragend, aber am attraktivsten ist der Nachbar auf dem Platz neben ihr: ein hinreißender junger Mann. Ob Anne nicht

Ihr Aufbruch in die Welt führt
Ruth Rupp zu ihrem
75. Geburtstag nach New York

mit ihr die Plätze tauschen wolle, fragt sie die Nichte. Die aber winkt schüchtern ab. „Ich an ihrer Stelle hätte getauscht", erzählt Ruth mit kokettem Lachen.

Der Betrieb auf dem Times Square lässt sie fast einen Herzinfarkt fürchten, die Baukultur der Hochhäuser, darunter auch die Zwillingstürme des World Trade Centers, begeistert sie. Aber fast am nachhaltigsten ist ihr die letzte Nacht in Boston vor der Abreise in Erinnerung. Das Haus, in dem die Deutschen wohnen, hat etwas Dunkles, Mystisches, Morbides. Sandra, ihre Wirtin, lässt schnell erkennen, wie sehr sie sich von der deutlich älteren Ruth angezogen fühlt. „Ich schlief in dunkelroter Bettwäsche. Sandra hatte das Schlafzimmer unter mir, und in der letzten Nacht vor unserer Abreise empfand ich einen gewaltigen Sog, der mich geradezu aus meinem Bett nach unten in ihr Zimmer ziehen wollte. Aber ich widerstand. Zum Abschied hatte Sandra uns einen riesigen Strauß roter Rosen auf den Flur gestellt und mich zum Abschied sehr fest, geradezu innig umarmt. Wer weiß, wie es in jüngeren Jahren gewesen, wie mein Leben dann verlaufen wäre. Ja, ich habe immer mal wieder festgestellt, dass lesbische Frauen sich von mir angezogen fühlten, warum auch immer. Aber dem bin ich nie gefolgt."

Eine weitere Reise mit Brigitte, Hajo und Anne führt sie nach Irland. Und wieder gerät die reiselustige Frau ins Schwärmen. „Diese üppige Vegetation, diese Fuchsienhecken. Aber auch die schmalen Straßen. Mir wurde angst und bange, wenn ich oben aus dem Doppeldeckerbus nach unten schaute und sah, wie dort Radfahrer fuhren. Dass die das überlebten! Und alle gingen bei Rot über die Straße. Faszinierend. Aber die allerschönste Erfahrung war Bed & Breakfast. In welch wunderbaren Zimmern wir gewohnt haben! Diese herzlichen Wirtsleute! Dieses üppige Frühstück, sensationell! Wenn auch nur die Hälfte von dem stimmen würde, was in Deutschland über Cholesterin verbreitet wurde, dürfte die Hälfte der Iren gar nicht mehr leben."

In einem kleinen Ort an der Küste genießt sie ihre geliebte „Engelein-Musik". Ein junger Mann spielt Harfe – wunderbar zart, wie sie es vorher und nachher nie wieder gehört hat. Und dann geht die mittlerweile fast 80-Jährige auch noch auf ein großes Rockfestival. Eine Premiere für sie. Und zunächst ein Schock. „Das war so laut, ich dachte, ich werde zersägt. Aber dann hab ich es doch ausgehalten, und zum Schluss sind wir alle Richtung Bühne gegangen und haben mitgerockt. Die Stimmung war einfach großartig." Eine alte Dame von 1,43 Meter im Gedränge der Rocker vor einer Festivalbühne – da kann einem angst und bange werden ...

Die Musik und das Theater, sie haben Ruth ihr ganzes Leben begleitet. Und jetzt, wo sie frei ist von Verpflichtungen und finanziell gut abgesichert, kann sie sich dieser Leidenschaft endlich hingeben. Gemeinsam mit ihrer Freundin Christel macht sie die Hamburger Kulturszene unsicher und entdeckt im Schmidt Theater auf der Reeperbahn, dem Varieté der Kiez-Legende Corny Littmann, ihre Liebe zu dem gerade 18-jährigen Tim Fischer. Die Verlorenheit und zarte Melancholie des außergewöhnlichen Chansonniers faszinieren sie unmittelbar. „Christel und ich haben viele seiner Konzerte besucht, und da hat sich von der Bühne ins Publikum eine Art Verbindung aufgebaut", lacht sie ein wenig kokett. „So bin ich ihm aufgefallen. Und dann haben wir uns am Ende eines Konzerts kennengelernt und Kontakt behalten." Bis heute. Auch als Tim Fischer 2008 in Berlin heiratet, ist Ruth eingeladen.

Ein anderer Fluchtpunkt ihrer Sehnsucht nach Kultur sind die Hamburger Kammerspiele. 1995 haben Ulrich Tukur

Eine innige Verbindung über
viele Jahre: Ruth Ruth mit Tim
Fischer, hier im Jahr 2007

Mit solchen Autogrammen
lässt sich ein Gips gleich viel
leichter ertragen

und Ulrich Waller die Intendanz der traditionsreichen Bühne übernommen, und gleich bei der ersten Inszenierung sitzen die Freundinnen im Publikum, wie immer möglichst weit vorne. „Draußen vor der Tür" von Wolfgang Borchert wird gegeben – eine Verbeugung vor der Uraufführung des Stückes genau hier in den Kammerspielen im Jahr 1947. Es ist mitreißendes Theater, das sie sofort zu Fans des gerade 38-jährigen Tukur macht. Nach der Vorstellung bleiben sie gerne noch dort, gehen ins Restaurant und lernen ganz selbstverständlich zu später Stunde die Schauspieler kennen. „So ergab es sich, dass ich irgendwann mit Ulli Tukur ins Gespräch kam", erzählt Ruth. „Das ist ja nicht schwer, so offen und neugierig, wie er ist. Er fand mich interessant, weil er ein großes Faible für die Musik der Vorkriegszeit hat und mich neugierig nach meinen Erlebnissen ausfragte. Er erzählte dann anderen Leuten Dinge über mich: dass ich das Eiserne Kreuz bekommen hätte – das habe ich nicht! –, und dass ich ein englisches Kampfflugzeug abgeschossen hätte – daran war ich immerhin beteiligt. Einmal sprach mich ein Radiomoderator an: ‚Was Sie alles erlebt haben! Ulrich Tukur erzählt ja tolle Geschichten über Sie!' Das machte ihm großen Spaß. Und so saßen wir immer wieder mit einer größeren Runde im Theater, nicht selten bis zum Morgen, und haben geschwatzt und erzählt." Langsam entwickelt sich eine freundschaftliche Beziehung. Tukur sagt zu ihr: „Deinen hellen Kopf sehe ich überall." Und wenn er jemanden mag, dann vergisst er ihn nicht.

Aber Ruth sorgt auch dafür. Sie verbindet ihre Leidenschaft für Reisen und Theater und fährt, wiederum gemeinsam mit Christel, nach Salzburg, als Ulrich Tukur dort den legendären „Jedermann" spielt. 1999 zum ersten Mal. Es ist ein heißer Sommertag, und die Bühne vor dem Dom, wo das Stück gegeben wird, ist schon abgesperrt. Sie erinnert sich: „Ich stand vorne an der Absperrung. Und wer kam mir entgegen? Ulrich Tukur, schon im Kostüm. Er sah mich dort stehen, stürzte auf mich zu und stieß hervor: „Ich bin ja so krank, ich bin ja so krank! Ich hab Fieber, ich hab Fieber!" Ich machte mir große Sorgen um seinen Auftritt, aber der war großartig. Das habe ich erst später verstanden: Ulli hatte damals vor großen Aufführungen wahres Lampenfieber, bei Premieren richtig erhöhte Temperatur. Aber sobald er auf der Bühne steht, ist er voll da."

Die Belastung vor dem Dom ist ungeheuer groß. Keine Mikrofone, die Schauspieler müssen schreien, um gehört zu werden. Außerdem hat Tukur sich eine besondere Szene zum Einstieg einfallen lassen: Er seilt sich aus dem dritten Stock eines Hauses auf die Bühne ab – wobei er sich die Finger verbrennt. Dazu die Hitze auf der Bühne, bis zu 60 Grad, weil die Sonne auf die schwarze Fläche scheint. „Was für ein Wohltat, nach dem Tod des Titelhelden in den kühlen Dom hineinzudürfen, wo ein Bier auf mich wartete", erinnert sich der Schauspieler heute.

Zwei Jahre später sind Ruth und ihre Freundin wieder da und erleben einen gereiften „Jedermann": „Sein Auftritt hatte noch viel mehr Tiefe bekommen", sagt die fachkundige Theatergängerin, „er war noch ganz anders in die Rolle hineingekommen." Danach sind sie und Christel zu einem Buffet mit den Schauspielern eingeladen, bei dem Ruth dem „upcoming star" der deutschen Schauspielgarde ein Buch mit zahlreichen Zeitungsausschnitten von seinen ersten Auftritten in den Kammerspielen – mit großem Foto und der Überschrift „Der neue Kammerspieler" – bis zum aktuellen Datum überreicht. Die Ausschnitte hat sie zu Tukurs großer Freude alle aufbewahrt und eingeklebt.

Der Abend endet mit einem weiteren Highlight. Zurück im vornehmen Hotel, werden die Freundinnen schon erwartet und vom Restaurantchef mit österreichischem Charme an einen mit Silber gedeckten Tisch geleitet. Der für sie zuständige Ober heißt Attila, wie sein Namensschild verrät. Worauf Ruth ihn anspricht: „Sie haben ja einen so außergewöhnlich schönen Namen. Wie kam das?" Nachher sagt die Freundin zu ihr: „Du hast den Ober so um den Finger gewickelt. Der hat dir immer viel mehr Wein nachgeschenkt als mir." Flirten, lernen wir, ist keine Frage des Alters.

Und der Beginn einer Bühnenkarriere auch nicht. Nicht ganz zwei Jahre und zahllose Theateraufführungen später klingelt im Frühjahr 2003 das Telefon. Ulrich Tukur ist am Apparat, inmitten großen Lärms. Er stehe gerade auf dem Bahnhof Zoo und habe eine Idee: Ob Ruth sich vorstellen könne, bei einer Inszenierung am St. Pauli Theater mitzuspielen?

„Wir geben die ‚Dreigroschenoper'. Hättest du Lust mitzumachen?"

Die Antwort, ohne den Hauch eines Zögerns: „Ja, natürlich mache ich mit."

SPÄTE TRIUMPHE
AUF DER REEPERBAHN

Endlich auf der Bühne.
Mit 77 Jahren. Und Ulrich Tukur

Aufrecht stehen sie da, ernst und ein bisschen abgekämpft, den Blick in den ausverkauften Saal des St. Pauli Theaters gerichtet, hinter sich zwei Stunden kraftvolles, mitreißendes Spiel: Ulrich Tukur, Eva Mattes, Christian Redl, Peter Franke, Stefanie Stappenbeck, Maria Bill. Große Namen des deutschen Theaters, wohlvertraut mit den ersten Bühnen. Die „Dreigroschenoper", die sie gegeben haben, ist fast beendet, und es wird mucksmäuschenstill im Saal. Denn jetzt tritt eine Frau an den Bühnenrand, ganz allein ins Licht der Scheinwerfer getaucht. Wie eine gealterte Ballerina sieht sie aus in ihrem Satinkleidchen und mit der verrückten Frisur. Sehr klein ist sie, aber mit ihrer Präsenz füllt sie die Bühne, füllt sie den Saal.

Und sie singt. Mit warmer Stimme, in der die Weisheit des Alters mitschwingt, die Verletzungen der Schicksalsschläge, die Kraft, sie überstanden zu haben, singt sie die berühmte letzte Strophe der Moritat von Mackie Messer:

> *Denn die einen sind im Dunkeln*
> *Und die andern sind im Licht.*

Die im Licht sind, ja, die sieht man,
Die im Dunkeln sieht man nicht.

Der letzte Ton verklingt, und für einen Augenblick ist es wieder ganz still. Aber dann bricht ein Sturm der Begeisterung los, ein Orkan von Applaus, Jubel und Bravorufen. Stehende Ovationen für großartiges Theater, für eine herausragende Inszenierung der „Dreigroschenoper". Und oben auf der Bühne, inmitten der prominenten Kollegen, die sich nun glücklich verbeugen: Ruth Rupp. Sie weiß kaum, wie ihr geschieht.

Ulrich Tukur erinnert sich: „Sie machte es großartig. Gerade ihr Auftritt zum Schluss war ein wunderbarer Moment. Da stand auf einmal eine Figur wie aus einem Fellini-Film, ein alter Mensch, der in unserer Gesellschaft so oft im Dunkeln steht, ganz alleine im Scheinwerferlicht, und sang von der Dunkelheit und vom Licht. Das war sehr bewegend. Und da spürte Ruth, welche Wirkung sie hatte, dass die Leute sie anstarrten, dass sie ihr zuhörten, dass sie beeindruckt waren. Und das gefiel ihr sehr. Sie ist eben auch eine Schauspielerin."

Es ist der 8. Januar 2004 und ihre erste Premiere nach mehr als einem halben Jahrhundert. Ruth Rupp ist 77 Jahre alt.

Begonnen hat diese komplett unglaubliche Geschichte ein paar Monate zuvor. Ulrich Waller und Ulrich Tukur sind nach schwierigen Zeiten an den Kammerspielen und Streitereien mit deren Inhaber Jürgen Hunke zum St. Pauli Theater weitergezogen. Mit ihrem untrüglichen Gespür für den Genius Loci an der Hamburger Reeperbahn inszenieren sie die „Dreigroschenoper" und stellen die Besetzung zusammen. Katharina John, die Frau von Ulrich Tukur, bringt ihren Mann auf die Idee, die Rolle einer der Prostituierten mit Ruth Rupp zu besetzen. „Sie sagte: ‚Nimm die Ruth, die muss nichts spielen, die ist vom Le-

Eine Figur wie aus einem
Fellini-Film: Ruth Rupp im Kostüm der
„Dreigroschenoper" anlässlich der
Premiere im Januar 2004

ben ausgebildet, die kann singen, hat Humor, sieht umwerfend aus und wird bestimmt mitmachen"', erzählt Tukur. „Als ich Ruth anrief, ob sie mitmachen wollte, sagte sie sofort zu. Und ich ging also zum Regisseur Ulrich Waller und sagte zu ihm: „Ich habe eine geniale Prostituierte!"

Vom ersten Treffen mit dem Ensemble in der Theaterwerkstatt Kampnagel ist ihr vor allem in Erinnerung, dass ihr das Portemonnaie abhandenkommt und sie sich nach dem gemeinsamen Essen vom Inspizienten des Regisseurs das Geld fürs Taxi leihen muss. Aber ein schlechtes Omen ist das nicht. Sie wird sofort in den Kreis der prominenten Schauspieler aufgenommen. Ulli Tukur stellt sie vor, und man ist gleich per Du. Alle sind freundlich und offen, ohne Allüren und Arroganz. Als Regisseur lässt Ulrich Waller den Schauspielern viel Raum zum Ausprobieren, dirigiert eher zurückhaltend und überhaupt nicht diktatorisch. So entsteht die Inszenierung Szene für Szene in einem gemeinsamen Prozess.

Natürlich ist die Novizin nervös unter all den erfahrenen und renommierten Kolleginnen und Kollegen. Sie fragt nicht nur sich, sondern auch Ulrich Tukur: „Werden die Leute nicht sagen: ‚Was soll die Alte da auf der Bühne?'" Sie spürt das Risiko. Aber das Selbstvertrauen, gesammelt in etlichen überstandenen Herausforderungen, siegt. So schnell haut sie nun wirklich nichts um, und mit ihrer Präsenz und Gelassenheit beeindruckt sie das Ensemble. Ulrich Waller fragt sie: „Sag mal, Ruth, du stehst doch nicht zum ersten Mal auf der Bühne?"

Und dann wird plötzlich beschlossen, dass sie die letzte Szene der „Dreigroschenoper" mit ihrem Gesangsauftritt bestreiten soll. Wieder ist es Katharina John, die den entscheidenden Vorschlag macht. „Ich hatte bei den Proben einfach so

vor mich hin geträllert", erinnert sich Ruth Rupp, „und darauf
war Katharina aufmerksam geworden. So kam ihre Idee zustande, und so wurde es dann gemacht. Das war ein sehr, sehr
aufregender Moment für mich, nachdem klar war, dass ich den
Schlussauftritt haben würde und ganz alleine auf der Bühne
die Moritat von Mackie Messer singen würde." An diesem Tag,
als die Entscheidung fällt, nur wenige Wochen vor der Premiere, wollen die meisten Schauspieler nach der Probe noch gemeinsam essen gehen. Ruth aber fährt nach Hause, steckt sich
die Kerzen auf ihrem Adventskranz an, sitzt zwei Stunden auf
ihrem Sofa und macht sich bewusst, was da gerade passiert ist,
was jetzt auf sie zukommt. Dass sie auf der Bühne stehen und
singen würde, nach so vielen Jahren Pause. „Ein unbeschreib-
liches Gefühl. Es war etwas Gewaltiges, das da auf mich zukam.
Lange nachdenken darüber durfte ich nicht. Habe ich auch
nicht. Und irgendwann geht's ja los."

Der große Tag kommt. Es ist die erste Premiere, seit sie zu
Beginn der 50er-Jahre unter der künstlerischen Leitung von
Jakob Herrmann gesungen hat. Sie schläft nicht ganz so gut
wie sonst und fährt am Nachmittag zum Theater. „Lampenfieber haben ja viele Schauspieler, zumal vor der Premiere,
aber die anderen kannten das natürlich", erzählt sie. Bei der
Erinnerung leuchten ihre Augen. „Ich aber noch nicht. Ich zog
das Kostüm an, wurde geschminkt und dann verkabelt. Das
war meine große Angst, vor der Premiere und jeder Vorstellung
wieder: dass ich ohne Mikro an den Bühnenrand treten würde und meine Stimme nicht richtig zu hören ist. Aber Marlies
Gerken, die gute Seele hinter der Bühne – eine wunderbare,
liebenswerte Person! –, steckte mir rechtzeitig das kleine Mikro in den Ausschnitt. Zuverlässig wie vor jeder Vorstellung.
Trotzdem saß ich auf Kohlen. Premieren sind furchtbar. Da ist

die Presse da, prominente Gäste kommen. Mir haben derma-
ßen die Knie gezittert. Aber das Gute ist: Das geht nicht auf die
Stimme! Ulli Waller sagte zu mir: ‚Mach dir keine Gedanken,
das geht andern auch so.' Es gibt ein schönes Ritual am St. Pauli
Theater. Man spuckt sich über die Schulter, wünscht sich toi,
toi, toi, jeder lässt dem anderen eine Kleinigkeit zukommen,
ein kleines Geschenk oder einen Spruch. Von Katharina John
bekam ich einen Zettel mit der Widmung ‚Du bist das schönste
Törtchen unter allen Torten.' Und dann schmiss ich mich ins
kalte Wasser. In der Schlussszene stand ich zwischen Ulrich
Tukur und Steffi Stappenbeck. Steffi hatte die Aufgabe, mir
über eine Stufe zu helfen, die im Dunkeln lag, wenn ich aus
dem Dunkel der Bühne nach vorne trat. Himmel, haben mir die
Beine gezittert. Ich habe dann prompt ein paar Wörter im Lied
vertauscht, aber das merkte im Publikum natürlich niemand.
Das ist mir auch kein weiteres Mal passiert."

Wenige Momente später ist die Vorstellung beendet, und der
Jubel kennt keine Grenzen. An die Zahl der Vorhänge erinnert
sich Ruth nicht mehr, so aufgeregt ist sie, aber es sind viele. Die
Schauspieler werden mit Blumen überhäuft, darunter ein rie-
sengroßer Strauß mit roten Rosen, für jedes Ensemblemitglied
eine. Danach sind alle euphorisch. „Das ging mir nach jeder
Aufführung so. Ich war meistens so gegen zwei Uhr nachts zu
Hause, weil wir oft mit der Truppe noch ausgingen. Das habe
ich nicht jedes Mal mitgemacht. Aber ich musste immer erst
mal wieder in der Realität ankommen, von diesem Hochgefühl
herunter, um dann schlafen zu können."

So geht es über mehrere Jahre, das Stück ist ein Renner
und jedes Mal wieder ausverkauft. Es wird immer im Block mit
fünfzehn oder mehr Aufführungen gegeben und nach längerer
Pause wieder aufgenommen. Manche Rollen werden mehrfach

umbesetzt. „Spannend fand ich, wie die Rolle der Seeräuber-Jenny so vollkommen unterschiedlich interpretiert wurde, zunächst von Maria Bill, die Ulrich Tukur aus dem Salzburger ‚Jedermann‘ kannte, dann von Angela Winkler und schließlich von Sabrina Ascacibar.“

Ruth geht auf in ihrer neuen Aufgabe, die so grundverschieden ist von allem, was sie vorher gemacht hat. Und lernt neue Seiten an sich kennen: „Manchmal hat man ja so seine Zipperlein, da tut hier etwas weh oder da – aber auf der Bühne ist alles weg! Hinterher tut's dann mitunter umso mehr weh, aber während der Vorstellung ist jeder Schmerz wie weggeblasen. Und jeder Abend ist anders. Ich bin häufiger gefragt worden, ob es nicht langweilig wird, immer dasselbe Stück zu spielen – aber das ist es überhaupt nicht! Alleine schon, weil jeden Abend ein anderes Publikum vor einem sitzt. Die Zuschauer reagieren immer wieder anders. Wenn zum Beispiel an Donnerstagen Busse aus dem Hamburger Umland kamen, dann musste das Ensemble die Zuschauer erst einmal auftauen, sie in Stimmung bringen, sie animieren, mitzugehen. Das dauert eine Weile. An manchen Abenden ist das Publikum sofort da. So ist jede Vorstellung anders und überhaupt nicht langweilig.“

Zumal immer wieder kleine Pannen im Ablauf die ganze Aufmerksamkeit des Ensembles fordern – zum Beispiel wenn einer der Schauspieler den Text vergisst. Ruth Rupp voller Begeisterung: „Ulli Tukur ist grandios, wenn er einen Hänger hat. Dann läuft er beim Improvisieren zu Hochform auf, bis er sich wieder an den richtigen Text erinnert. In einer Szene hat Steffi Stappenbeck ihn gerettet, als ihm der Faden riss. Da saßen beide auf dem Bett, er mit freiem Oberkörper, und sie ging ihn richtig an, drehte an seinen Brustwarzen und fiel praktisch über ihn her. Er wusste erst gar nicht, wie ihm geschah – aber,

Vor und hinter den
Kulissen einer fulminanten
Aufführung der
„Dreigroschenoper"

oh Wunder, auf einmal war sein Text wieder da. Hinter der Bühne haben wir uns kaputtgelacht."

Die Inszenierung geht auf Reisen. „Zu den Gastspielen sind wir gemeinsam mit der Bahn gefahren. Spannend zu erleben, wie die Mitreisenden auf dem Bahnsteig reagierten, wenn sie da eine Ansammlung von lauter bekannten Schauspielern sahen. Zum Beispiel in Düsseldorf, wo wir auf einen Regionalzug warteten. Die haben Augen gemacht. Und dann kackte eine Taube Ulli Tukur auf seinen Mantel. Das war natürlich ein gutes Vorzeichen." Man ist bei den Festspielen im Pfalzbau von Ludwigshafen zu Gast, einem riesigen Veranstaltungsraum, und auch bei den Ruhrfestspielen gibt man die „Dreigroschenoper". Die Truppe residiert in einem vornehmen Hotel. Die Suite, die Ruth bewohnt, ist größer als ihre Wohnung zu Hause – ein tolles Erlebnis, so hofiert zu werden. Und morgens nach der Aufführung wird die Lokalzeitung gekauft, um die Rezension zu lesen. „Einmal wurde auch ich eigens erwähnt: als gut besetzte Nebenrolle, die besonderes Lob fand."

Vor allem die Aufführung im Hamburger Stadtpark ist ihr in Erinnerung geblieben: „Das war für mich eins der größten Erlebnisse, Open Air mit Tausenden von Zuschauern. Da war ich so unglaublich aufgeregt und sagte immer wieder zu Marlies: ‚Mensch, vergiss mich bitte bloß nicht, nicht, dass ich ohne Mikro auf die Bühne gehen muss!' Sie hat mich natürlich auch da nicht vergessen. Und es lief alles wunderbar."

Das liegt nicht zuletzt daran, weil das Ensemble so hervorragend miteinander klarkommt: „Wir haben uns gut verstanden. Jeder hat sich für den Erfolg des anderen gefreut, einen besonders guten Auftritt gelobt. Für mich eine sehr positive Erfahrung. Und wenn so etwas funktioniert, dann teilt sich das auch dem Publikum mit. In der Maske wird natürlich

Freunde auf der Reeperbahn:
Bärbel Koppe, Ulrich Tukur, Ruth
Rupp und Manfred Jürgens
vor dem „Crazy Horst"

wahnsinnig viel getratscht, das ist nicht so meins. Aber es gab keine Intrigen oder Eifersüchteleien, jedenfalls nicht zu meiner Kenntnis. Na ja, mancher Schauspieler ist schon ein komischer Knopf, aber meine persönlichen Erfahrungen sind ausschließlich gute. Keiner, den ich erlebt habe, hat ein großes Gewese um seine Person gemacht, obwohl viele sehr prominente Leute sind. Aber vielleicht hatten sie es gerade deswegen nicht nötig."

Was für eine großartige Geschichte: mit 77 Jahren, wenn viele Menschen längst begonnen haben, die Jahre zu zählen, die sie vielleicht noch zu leben haben, wenn sie nichts Neues mehr lernen wollen, weil es sich ja eh kaum noch lohne – in diesem Alter beginnt Ruth ihre Bühnenkarriere. Eigentlich macht sie nichts anderes, als sie immer gemacht hat: eine Chance ergreifen, die sich bietet, Kairos, den Gott der Gelegenheit, am Schopf packen und all die Möglichkeiten nutzen, die sich auf einmal auftun.

Fast hundert Aufführungen der „Dreigroschenoper" kommen über die Jahre zusammen. Eine davon wird vom NDR aufgenommen und ist auf Youtube zu sehen. Dieses Video sorgt bei Ruth Rupp immer wieder für Enttäuschung, denn sie ist darin am Ende nur zu hören, nicht zu sehen. Die Kurt-Weill-Gesellschaft als Inhaberin der Rechte an der „Dreigroschenoper" hatte interveniert, weil ein paar Zeilen des Liedes nicht dem Original entsprechen. Und das wurmt eine Künstlerin natürlich schon: dass man sie ausgerechnet bei der einzigen Aufzeichnung, die im Internet verfügbar ist, nicht sehen kann.

Nein, kein Zeichen von übersteigertem Geltungsbewusstsein. „Ich bin immer die geblieben, die ich war. Ich habe ein gutes, klares Selbstbewusstsein. Ich war ja schon als Kind angstfrei. Aber natürlich bin ich durch die Jahre auf der Bühne sicherer und souveräner geworden. Ich weiß, ich kann das.

Jeden Abend vor 600 Zuschauern auftreten, und das in meinem Alter – da habe ich mir manchmal auf die Schulter geklopft. Das gibt ein gutes Gefühl. Ich gehöre ja zu einer Generation, von der es nicht mehr so viele Menschen gibt. Als ich nach dem Krieg endlich anfangen konnte, Musik zu studieren und zu singen, wollte ich das zu meinem Beruf machen. Aber dann ist alles anders gekommen, als ich es mir als junger Mensch erträumt habe. Dieser Wunsch hat mich trotzdem mein ganzes Leben lang begleitet, und ich hatte im letzten Drittel meines Lebens das unglaubliche Glück, da wieder anknüpfen zu können, wo ich damals nicht weitermachen konnte – fast fünfzig Jahre später! Ich frage mich schon: Was ist das eigentlich, ein Zufall oder eine Fügung? Dreht da oben vielleicht doch jemand an ein paar Rädchen, und dann passiert so etwas?"

Einiges spricht für eine besonders humorvolle Regie-Arbeit der Götter. Denn auch Fritz und Hanna Pohl sitzen eines Abends im Publikum. Jener Fritz, den Ruth 1935 in den Sommerferien in Thüringen kennenlernte. Und jene Hanna, mit der sie gemeinsam 1946 ihr Gesangsstudium begann. Die beiden haben sich 1951 über Ruth kennen- und lieben gelernt. Nun staunen sie, was die Freundin aus Kindheit und Jugend da auf der Bühne vollführt: „Das war ganz toll!", schwärmt Fritz Pohl. „Das haben wir überall herumerzählt, dass unsere Freundin als Nutte da oben auf der Bühne gesungen hat. Das war ja einmalig!"

Auch der Maler Manfred Jürgens sitzt dort, gemeinsam mit seiner Frau Bärbel Koppe. Er erzählt: „Die Aufführung war ständig ausverkauft, und deswegen haben wir erst in der zweiten Spielzeit Karten bekommen. Eine tolle Aufführung, sehr stark. Wir haben sie drei Mal gesehen, das hat uns wirklich bewegt. Und immer stand da diese Fellini-Braut als Alt-Hure

Ulrich Tukur als
Mackie Messer – eine echte
Paraderolle

verkleidet – an ihr hätte der Altmeister bestimmt seine Freude gehabt! Sie wirkte unglaublich echt, als wäre sie tatsächlich aus dem Milieu. Das ist Theater", ruft Jürgens aus, „das ist Theater! Als Ruth dort unten sang, heulte die Hälfte des Publikums vor Rührung. Ich auch. Und ich schwor mir, wenn mir diese kleine Dame eines Tages über den Weg läuft, so werde ich sie ansprechen und sie fragen, ob ich sie malen kann."

Sechs Jahre später, wieder im Hamburger St. Pauli Theater, hört Jürgens im Gehen eine lachende erwachsene Frauenstimme rufen: ‚Verdammt, nun kippt mir wieder einer dieser Typen Rotwein in mein Dekolleté, nur weil ich so klein bin.' Sein Glas stoppt nur wenige Millimeter schräg vor ihr. „Ich sah auf eine 143 Zentimeter große Frau. Und dann saßen wir noch lange plaudernd im leeren Theater. Andere feierten an der Bar die Eröffnung der neuen Spielsaison, wir verabredeten uns. Ruths Worte: ‚Wenn du nun schon sechs Jahre hinter mir her bist, dann müssen wir das jetzt aber auch mal machen, das mit diesem Porträt.' Nach einer Woche saß sie erstmals bei mir im Blankeneser Atelier."

Wie er es immer macht, stellt Jürgens das Gemälde in dessen verschiedenen Entstehungsstadien auf seine Website. Und erhält ein paar Wochen später einen höchst ungewöhnlichen Anruf.

DER HIMMEL KANN WARTEN

Ein Lebensmotto und ein wunderbarer Chor

Der Maler Manfred Jürgens hat eine ganz eigene Art zu malen: In unendlicher Geduld trägt er Schicht für Schicht der selbst gemischten Farben auf die Leinwand auf und lässt so über Monate großformatige Bilder entstehen. Sie inszenieren ihr Motiv faszinierend detailgetreu (freilich mit sehr überraschenden Details, wenn man genau hinsieht). „Realistische Malerei" nennt er das. Die Technik haben einst Meister wie Dürer und Holbein perfektioniert. Manfred Jürgens hat aber auch eine sehr eigene Art, dem Publikum Einblicke in sein Atelier zu erlauben: Er hält die verschiedenen Stadien seiner Gemälde fotografisch fest und stellt sie auf seine Website www.m-w-juergens.de. Hier lässt sich ihre Entstehung im Zeitraffer nachvollziehen – ein Anblick, der staunen lässt.

Im Herbst 2010 ist es das Bildnis von Ruth Rupp, das im öffentlichen Schaufenster auf seine Vollendung wartet, als im Atelier das Telefon klingelt. An den Apparat geht, weil Jürgens während des Malens nicht telefoniert, wie immer seine Frau Bärbel Koppe. „Guten Tag", sagt die Anruferin, „mein Name ist Karin Falk. Ihr Mann hat Ruth Rupp gemalt. Ist es die Ruth Rupp, die ich meine?"

Ein Moment Stille: „Wie ist Ihr Name?"

„Karin Falk."

„Die Karin? Dann hat Ruth uns viel von Ihnen erzählt."

Nach 49 Jahren hat das kleine Mädchen von einst die Frau wiedergefunden, die ihm die Stärke für ein ganzes Leben gegeben hat. Karin Falk erzählt: „Ich habe Ruth Rupp in all den Jahren nie vergessen. Aber eben auch nie nachgehakt. Dann erkrankte ich schwer, und das war für mich der Anlass, mein Leben neu anzuschauen. So begann meine Suche. Als ich ihren Namen in Google eingab, stieß ich auf die Internetseite von Manfred Jürgens und das Vorstadium des Gemäldes von Ruth. Ich sah das Bild und dachte: ‚Das kann sie sein. Dann lebt sie offenbar noch.' Aber ich war unsicher. Also suchte ich alte Fotos heraus, scannte ein Porträt von ihr ein, hielt es neben das Gemälde und war mir schließlich sicher: ‚Ja, das ist sie!' An der Nase erkannte ich sie. Und rief nach einer Weile bei Manfred Jürgens an. Ich wurde sehr aufgeregt, als seine Frau sagte, Ruth habe immer von mir erzählt! Sie sitzt da Modell und erzählt von mir! ‚Würden Sie Ruth fragen, ob sie Interesse hat, mich wiederzusehen?' bat ich Bärbel Koppe. Und das hatte sie. Sie rief mich an und meldete sich mit ‚Ruth'. Da war ich wahnsinnig aufgeregt. Ich hatte heftiges Herzklopfen. Ihre Stimme war tiefer, als ich erinnerte. Ich mochte das erst gar nicht glauben: Ist sie's? Eigentlich wusste ich es, ein Zweifel war noch einen Augenblick da. Aber dann war es die Erfüllung eines Traums. Und ich war sofort wieder zurück in meiner Kindheit. Das war der Bogen, den ich gesucht hatte."

Beide verabreden sich und treffen sich bei Karin Falk. Bei der ersten Begegnung nach so langer Zeit ist die Vertrautheit sofort wieder da. Sie sitzen am großen Esstisch und schauen die vielen Fotos an, die es aus jener Zeit gibt. „Ruth konnte zu

Karin Falk und Ruth Rupp
mit dem Gemälde von Manfred
Jürgens, das sie wieder
zueinanderführte

Was für Gesichter! Eine Szene aus
dem Kurzfilm „Ingeborgs 83. Geburtstag – vier Omas auf dem Kiez"

jedem Foto eine Geschichte erzählen, und ich habe staunend danebengesessen und gebannt zugehört. Sie hat mir meine Kindheit erzählt." Nachdenklich berichtet Karin Falk von diesem Moment des inneren Nachhausekommens. „Das war für mich ein Geschenk. Ich bekam Antworten. Ich habe als Kind, wie alle Scheidungskinder, davon geträumt, dass meine Eltern wieder zusammenkommen. Das hat sich nicht erfüllt, aber Ruth ist das Verbindungsglied zu dieser Lücke. Das war eine große Freude, und ich fühlte mich wie ein junges, aufgeregtes Mädchen. So war es dann auch, als wir über diesen Bergen von Fotos saßen. Das war ein Moment der Erfüllung."

Manfred Jürgens, dessen Gemälde all dies ermöglicht hat, kommentiert das in der ihm eigenen lakonischen Art: „Somit ist Malerei wohl doch nicht ganz so sinnlos." Und das Internet offenbar auch nicht.

Aber was ist das für eine Frau, die Karin Falk nach so langer Zeit wiedertrifft? „Ruth ist groß geworden mit sich selbst. Das kann man auf der Bühne erleben." Nach dem großen Erfolg der „Dreigroschenoper" ist sie in der Szene der Künstler und Schauspieler angekommen, ist Fördermitglied des St. Pauli Theaters und wird zu Empfängen und besonderen Anlässen eingeladen. Junge Künstler und Regisseure werden auf sie aufmerksam, sie bekommt Angebote, in Filmen mitzuspielen. In „Der Wanderer" von Jakob Klaffs, einem Nachwuchsregisseur, singt sie das wunderschöne Lied „An den Mond" von Franz Schubert, ein bewegender Auftritt der über 80-Jährigen im Kreise von jungen, an der Musikhochschule ausgebildeten Sopranistinnen. „Das war ein schönes Gefühl, inmitten dieser tollen Sängerinnen so respektiert zu werden."

Einige Zeit später dreht sie mit den zwei jungen Filmemacherinnen Monika und Martina Pluhar „Ingeborgs 83. Geburts-

tag – vier Omas auf dem Kiez ". Es geht um vier alte Damen, die
früher in eine bestimmte Kneipe auf der Reeperbahn gegangen
sind, und von denen eine, Ingeborg, nun 83 wird. Was soll man
ihr schenken? Sie wünscht sich, dass sie noch einmal von einem jungen Mann geküsst wird, und so ziehen die vier auf den
Kiez. Die Kneipe gibt es nicht mehr, denn dort ist mittlerweile
ein Heavy-Metal-Schuppen. Aber dann geraten sie in einen
Junggesellenabschied, und es wird sehr turbulent. Auch dieses
Projekt geht von der Hochschule für bildende Künste aus. „Und
wenn man da erst einmal drin ist", erzählt Ruth Rupp vergnügt,
„kommt ein Anruf nach dem nächsten. Man lernt auf diese Weise sehr viele Menschen kennen." Am liebsten ist ihr der Film
„Ronny und seine Frau", eine moderne Variante des Märchens
„Vom Fischer und seiner Frau". Sie spricht den Text in gereimten
Versen und bekommt dafür viel Anerkennung. „Den Film liebe
ich sehr."

Im Winter 2013 bekommt sie mal wieder einen Anruf: Ob
sie Lust habe, bei einem Chorprojekt des St. Pauli Theaters mitzumachen? Was für eine Frage! Es ist eine ganz besondere Idee,
die sich Thomas Collien, Direktor des St. Pauli Theaters, und
der Musiker, Komödiant und Chorleiter Jan-Christoph Scheibe, ein Hansdampf der Hamburger Kulturszene, ausgedacht
haben: ein Chor, in dem nur mitsingen kann, wer schon mindestens 70 Jahre alt ist. Die Vorbilder sind die englische Band
The Zimmers, benannt nach der Marke einer Gehhilfe, und der
Dokumentarfilm „Young@heart" über einen Ü-70-Chor aus
den USA. Thomas Collien hat The Zimmers in London erlebt
und ist beeindruckt. Wie die Alten da moderne Rock-, Hip-Hop-
und Soul-Songs auf ganz eigene Weise interpretieren, ist großartig: mutig, amüsant, kraftvoll und berührend zugleich. So
starten er und Jan-Christoph Scheibe das Projekt „Heaven Can

Wait" und veröffentlichen im „Hamburger Abendblatt" einen Aufruf. Gesucht: Sängerinnen und Sänger mit „Bock auf Rock". Voraussetzungen: das richtige Mindestalter, eine gute Stimme und Englischkenntnisse. Die Resonanz ist riesig, das Casting im St. Pauli Theater an der Reeperbahn dauert mehrere Tage. Und Ruth, mit ihren 86 Jahren locker über der Altersgrenze, ist dazu eingeladen.

Sie erinnert sich: „Das Vorsingen war witzig. Wir waren zu acht, sieben Frauen und ein Mann. Thomas Collien saß irgendwo in der Ecke, Jan-Christoph Scheibe am Flügel. Ich hatte mir „My Bonnie Is Over The Ocean" ausgesucht – und ausgerechnet damit begann dann auch der Mann, der als Erstes vorsang. Grauenhaft! Eine Katastrophe! Ich bewunderte seinen Mut, dass er sich überhaupt in ein Vorsingen gewagt hatte. Aber Collien verzog sofort das Gesicht, und das war's dann für ihn. Zwei andere aus meiner Gruppe und ich wurden engagiert."

Insgesamt sind es 32 Sängerinnen und Sänger, die ausgewählt werden, und zu ihnen gehört auch Astrid Rossa. Sie erinnert sich mit Schrecken an ihr eigenes Vorsingen: „Dass ich mit dieser kümmerlichen Version von Elvis Presleys ‚Tutti Frutti' genommen wurde, kann ich immer noch nicht glauben." Aber sie ist dabei, als sich die Erwählten am 15. Mai 2013 zum ersten Mal auf der Bühne im St. Pauli Theater versammeln. „Ruth fiel mir sofort auf, nicht allein wegen ihres Aussehens. Ihre ruhige, souveräne Art war bemerkenswert, und als die Intendanten ihr freundlich zunickten, war klar, dass sie im Theater bekannt ist. Das hat mich neugierig gemacht." In seiner Begrüßung erwähnt Thomas Collien, dass Ruth in einer Produktion des Theaters mitgewirkt hat.

25 Songs sind bis zur großen Gala Ende August einzuüben. Jan-Christoph Scheibe gibt den Chormitgliedern CDs mit mehr

als 50 Stücken mit, aus denen sie ihre Lieblingstitel auswählen können. Hits von Extrabreit, Marius Müller-Westernhagen, Nirvana, Coldplay, Juli, den Fantastischen Vier und Wir sind Helden schaffen es ins Programm. Dann beginnen die Proben. Es ist ein hartes Stück Arbeit und ein weiter Weg bis zur Premiere. „Ich hatte schon Manschetten, wie das wohl gelingen könnte", erinnert sich Ruth Rupp, „aber wir haben es geschafft. Es wurde drei- bis viermal pro Woche geprobt, meistens drei Stunden."

Und der Auftritt gelingt, ja, das Programm wird ein spektakulärer Erfolg: „Heaven Can Wait rockt und begeistert", schreibt die Deutsche Presseagentur, die „Bild-Zeitung" nennt sie den „coolsten Chor Hamburgs". Eine wunderbare Mischung aus tollen Songs, mitreißender Show und berührenden Momenten bringen die 32 alten Menschen unter der Regie von Jan-Christoph Scheibe auf die Bühne. „Smells Like Teen Spirit" von mehr als 2000 Jahren Lebenserfahrung gesungen, „Sexy" als Solo mit Gehstock – der Humor der Aufführung ist einfach umwerfend. Wenn der Chor „Hurra, das Augustinum brennt" schmettert und damit die vornehmste Hamburger Seniorenresidenz karikiert, jubelt das Publikum. So beginnt im August 2013 die nächste Erfolgsgeschichte, in der Ruth eine wichtige Rolle spielt und singt.

Gleich zwei Solo-Auftritte sind ihr zugedacht, einer davon mit dem Song „Vergessen zu vergessen" von Luxuslärm. Sie singt:

> *Denn ich hab dich nie gehalt'n,*
> *ich hab dich nie vermisst,*
> *ich weiß nicht, wer du warst, nicht wer du bist.*
> *Ich kenn nicht mal deinen Namen,*

ich hab dich nie geliebt,
ich hab nur grad vergessen zu vergessen
dass es dich gibt.
Dass es dich gibt.

Ein Moment, bei dem sich viele im Publikum eine Träne aus dem Auge wischen. Beim ersten Mal freilich auch ein Auftritt von beeindruckender Souveränität seitens der Sängerin. Ganz kurzfristig hat sie den Song übernommen, und Jan-Christoph Scheibe begleitet sie am Klavier. Sie beginnt – und verstummt. Ein Aussetzer. „Uns stockte der Atem", erzählt die Freundin Astrid Rossa. „Aber dann sagte Ruth ganz ruhig ins Mikro: ‚Entschuldigung, ich singe dieses Lied heute zum ersten Mal. Ich muss mal eben meinen Zettel mit dem Text herausholen.' Dann setzte Jan-Christoph wieder an, und Ruth sang dieses wunderschöne Lied klar und entspannt. Die Begeisterung des Publikums danach war überwältigend. Die Leute haben getobt."

„Natürlich vergisst man mal eine Zeile", sagt Ruth Rupp. „Wenn selbst Ulli Tukur Hänger hat, wie sollten wir dann nicht! Das ist auch eines der Erfolgsgeheimnisse von Heaven Can Wait. Wir sind ja kein perfekter Chor aus der Sicht des Chorgesangs. Wir sind eine Gemeinschaft älterer Menschen, die Freude vermitteln. Dafür ist das Publikum dankbar und nimmt das auf, ja, nimmt es in sein Herz. Jeder von uns, der da auf der Bühne steht, der im Publikum sitzt, wünscht sich, dass er angenommen, dass er geliebt wird. Und das gelingt uns. Die Menschen gehen glücklich aus dem Theater. Was Schöneres kann es gar nicht geben. Jeder kennt diese Sehnsucht. Und deswegen hat dieser Chor einen so großen Erfolg."

„Vielen von uns sieht man das Alter wirklich nicht an. Das liegt wohl auch an der Figur, aber vor allem an der Ausstrah-

Ruth Rupp in „Der Wanderer".
Sie sieht nicht nur unglaublich
cool aus, sondern singt auch
anrührend schön

lung. Wir sind einfach im Geist und im Herzen jung geblieben. Und auch das ist sicher ein Grund für unseren sensationellen Erfolg. Wir hatten schon mehr als hundert Auftritte. Was stellen sich denn junge Menschen vor, wenn sie an das Alter von 70 oder 80 denken? Gebrechlichkeit. Abschied von Lebensfreude. Aber davon kann bei uns keine Rede sein! Deswegen mögen uns gerade junge Leute."

Sie grinst. „Ich bin ja ein Typ, an den man sich erinnert. Das hat mit verschiedenen Dingen zu tun, mit meiner Größe, mit meiner Nase, aber wohl auch mit meinem Charakter. Ich werde oft auf der Straße auf Heaven Can Wait angesprochen. Aber nur positiv. Auch von älteren Schülern des Gymnasiums hier gleich nebenan bei meiner Wohnung. Einer rief mir zu: ‚Ich bin ein Fan von Ihnen.' Und ich dachte: ‚Was ist denn nun los?' Dann stellte sich heraus, dass er uns im St. Pauli Theater gesehen hatte. ‚Spitze, weiter so!', rief er noch. Darauf kann ich mir als alte Frau schon etwas einbilden."

„Die jungen Leute sagen: ‚Jetzt haben wir gar keine Angst mehr vorm Altwerden.' Ist das nicht wunderbar? Eine tolle Bestätigung. Heute werden die Menschen viel älter als früher, aber darüber hört man eigentlich nur Negatives. Das Thema Alter ist so unerquicklich besetzt: Demenz, Heim, Armut, Krankheit, alles nur negative Dinge. Aber das ist doch längst nicht alles! Unser Chor ist der Beweis! Es gibt so viel mehr, so viel Schönes! Wir sollten das Alter nicht nur als Begrenzung und als Verlust beschreiben, sondern als eine Zeit, in der wir aus dem ganzen Reichtum unseres Lebens schöpfen können. Dann brauchen wir wirklich keine Angst davor zu haben, noch etwas ganz Neues anzufangen. Die Welt ist so reich an Möglichkeiten!"

Auch die kleinen Gesten sind es, die die Auftritte von Heaven Can Wait zu einem beglückenden Erlebnis machen. Da

Der Chor Heaven Can Wait
im Studio des NDR.
Am Mikro: das kleinste und
älteste Mitglied

steht das Mikrofon zum Solo bereit, aber es ist viel zu hoch für die Solistin, die nun dran ist. Jan-Christoph Scheibe kommt, stellt es auf die richtige Höhe ein. Für einen Moment kniet er vor Ruth Rupp, und sie streicht ihm sanft über den kahlen Kopf.

Sie kommt ins Sinnieren. Die ganze Erfahrung aus den Auftritten vor voll besetzten Häusern spricht aus ihr. „Natürlich war es auch ein Experiment. Vorher konnte keiner vorhersagen, ob dieses Projekt gelingen würde, ob es sein Publikum findet. Einer von uns hat deswegen, auch später noch, permanent genörgelt und immer wieder bemängelt, was noch nicht richtig gut sei, was wir unbedingt besser machen müssten – und bei einer Gelegenheit habe ich dann mit diesem Satz dagegengehalten: ‚Aber wir haben doch Erfolg!' Und den hatten wir von der ersten Aufführung an!"

Sie wird energisch. „Perfektionismus liegt mir überhaupt nicht. Der bringt auch nichts, vor allem nicht im Kontakt zum Publikum. Wer etwas perfekt machen will, bekommt diesen Kontakt nicht, dann kommt nichts rüber! Das Entscheidende ist, dass der Mensch, der da oben auf der Bühne steht, sich öffnet, seine ganze Seele preisgibt, sich dem Publikum hingibt. Das hat mit Perfektion nichts zu tun. Natürlich muss man sein Handwerk beherrschen und wissen, was man da macht. Aber das ist nur die Basis. In Wahrheit geht es darum, die Menschen zu berühren."

Das gelingt. Manfred Jürgens erzählt sehr lebhaft davon. „Ich gestehe", sagt er, „ich hatte ein bisschen Angst vor dem Konzert von Heaven Can Wait. Könnte das nicht vielleicht peinlich sein, wenn Rentner rappen? Aber nach drei Titeln war das völlig weg. Und nach dem Konzert dachte ich: Mit Sicherheit ist steinalt zu werden etwas umwerfend Schönes!" Auch Karin Falk ist voller Staunen. „Wenn ich Ruth heute erlebe, auf der

Bühne und in der Welt des Theaters, dann bin ich sehr erstaunt: Das ist eine andere Frau. Früher war sie mein Kindermädchen und hat alles für mich gemacht – aber heute? Wenn ich sie mit Heaven Can Wait auf der Bühne sehe, sitze ich stolz im Publikum und bin ganz berührt. Ich war jetzt schon drei Mal in einem Konzert und habe es jedes Mal wieder erlebt. Eine große Faszination."

Ein besonders schöner Moment ist Ruths Solo mit „Die perfekte Welle", im Original von der Band Juli. Sie singt:

> *Das ist die perfekte Welle*
> *Das ist der perfekte Tag*
> *Es gibt mehr, als du weißt*
> *Es gibt mehr, als du sagst.*
> *Stellst dich in den Sturm und schreist*
> *Ich bin hier, ich bin frei*
> *Alles, was ich will, ist Zeit*
> *Ich bin hier, ich bin frei*
> *Stellst dich in den Sturm und schreist*
> *Ich bin hier, ich bin frei*

Mit dem letzten Vers breitet Ruth die Arme aus, reckt sie dem voll besetzten Saal entgegen und singt:

> *Ich bin hier, ich bin frei.*

Linien eines erfüllten Lebens,
wunderbar fotografiert von
Manfred Jürgens

EPILOG

Wie ein Leben gelingt

Ruth Rupp sitzt auf der Vorderkante ihres kleinen Sofas und wippt mit dem Bein. Gekleidet in schwarze Leggings, könnte es das Bein eines jungen Mädchens sein. Manchmal legt sie ihre Füße auf die Querstrebe ihres Couchtischs, und ihre Haltung bekommt etwas Unbeschwertes, fast Kindliches. Aufrecht sitzt sie da und aufmerksam, ihre zum Pagenkopf geschnittenen weißen Haare umrahmen das Gesicht mit den sanften Augen und der großen Nase. An der Wand hängt ein großes Foto von ihrer Einschulung im April 1932. Dem Fotografen reckt sie den erhobenen linken Daumen entgegen und überragt die Schultüte so gerade eben. Es ist zum Staunen: Als sie zur Schule kam, war Hitler noch nicht an der Macht, als Deutschland in Trümmern versank, stand sie an der Flugabwehrkanone. Sie hat den Wiederaufbau, das Wirtschaftswunder, die Studentenproteste sowie die Wiedervereinigung und den Beginn des dritten Jahrtausends erlebt. Sie erzählt lebhaft davon, mit überraschend tiefer Stimme. Dann steht sie auf, geht behände zum Schreibtisch und sucht nach einem Foto. Es fällt auf den Boden, und ehe man ihr zur Hilfe kommen kann, hat sie es wieder aufgehoben, mit elegantem Schwung des Oberkörpers, die Knie durchgestreckt. Kaum zu glauben, dass Ruth Rupp 91 Jahre alt ist.

Ja, das Alter hat Spuren hinterlassen. „Ich kann die Männer nicht mehr unter den Tisch trinken wie früher", sagt sie mit Bedauern. Auch einen Herzschrittmacher hat sie bekommen und ein neues Knie, weil das alte vom vielen Stehen auf der Bühne des St. Pauli Theaters irgendwann mürbe geworden war. Seither macht die Treppe Mühe, die von der Bar des Theaters zum Ausgang führt. Aber deswegen nicht mehr in die Bar gehen? Kein Gedanke. Sie dort nach einem Auftritt zu erleben, die leuchtenden Augen und das innere Strahlen, ist ein wunderbares Erlebnis. „Und das in diesem Alter ...", denke ich unwillkürlich. Und: „Wie macht sie das bloß?"

Ulrich Tukur, den sie sehr verehrt, sagt: „Ruth hat gute Gene." Er hat aber auch eine tiefergehende Erklärung: „Sie hat eine innere Stärke, die überhaupt nicht laut ist, etwas Kreatürlich-Kraftvolles, ganz einfach das Herz am rechten Fleck. Diese Lebensbildung kannst du auf keiner Universität lernen. Sie hat ein Element von liebenswürdigem anarchistischem Aufbegehren, geistiger Unabhängigkeit und Nonchalance, um dem die Stirn zu bieten, was Konvention ist. Im Alter verhält man sich eigentlich nicht so – andererseits: Warum nicht? Und sie macht das mit Stil. Diese bewundernswerte Stärke, die haben in ihrem Alter nicht viele Menschen."

Der Konvention die Stirn bieten: Damit hat sie früh begonnen. Als angstfreies Kind in einem Beamtenhaushalt, in stiller Rebellion in der von Nazis geprägten Schule, auf dem Kasernenhof mit bunten Norweger-Handschuhen, um sich von Militärs zusammenbrüllen zu lassen. „Zurück marsch, marsch! Handschuhe aus!". Das kokette Grinsen, wenn sie davon erzählt, ist einfach wunderbar. Und erst recht ihr Kommentar:

„Ich provoziere ganz gerne solche Leute, die andere in Reih und Glied brüllen. Sonst ist das Leben ja auch langweilig." So wusste sie sich mit Charme, Stil und einer kräftigen Portion Chuzpe der Hierarchen zu erwehren, die sie, nun ja, kleinmachen wollten. Die innere Größe eines Menschen und die Entfernung zwischen Scheitel und Sohle, lernen wir, müssen so gar nichts miteinander zu tun haben.

Auf die Haltung, stets aufrecht, kommt es an. Das erlebt auch ein Berserker wie der Schauspieler Ben Becker. Bei einer Feier im St. Pauli Theater geht er Ruth Rupp respektlos an: „Dich würde ich höchstens als Zwerg Nase besetzen." Sie nimmt es zur Kenntnis, bleibt ungerührt und wendet sich nach ein paar Minuten ab. Später, als sie auf dem Weg zum Taxi ist, kommt Becker ihr hinterher. Das habe er ja nicht so gemeint, entschuldigt er sich. „Du hast einen wunderbaren Humor", muss er noch loswerden. „Und ein tolles Parfum." So bringt man einem Raubauz Benehmen bei, ganz ohne Worte und große Gesten. „Wie souverän sie ist", sagt die Freundin Astrid Rossa bewundernd.

In ihrer klaren Haltung bezeugt sie die prägenden Erfahrungen der deutschen Geschichte. Ulrich Tukur hat es ja schon weiter vorn in diesem Buch so treffend formuliert: „Ich habe alten Menschen immer wieder Fragen nach der Zeit gestellt, in der sie aufwuchsen, nach der Zeit des Nationalsozialismus und des Krieges. Viele reden nicht. Das Wissen um den Holocaust und die Schrecken des Krieges hat sie stumm gemacht. Wenn ich sie fragte, dachten sie wohl, ich wollte sie angreifen. Ruth nicht. Von ihr bekommt man Antworten. Sie hat es erlebt und erzählt davon frei und lebendig und unideologisch. Ich kenne wenige Menschen, die das tun."
Und sie hat ihre Neugier behalten. Manfred Jürgens, der sie

nicht nur wunderbar gemalt, sondern auch einen Narren an ihr gefressen hat, sagt: „Es macht großen Spaß, mit ihr übers Leben zu philosophieren und seine verrückten Wendungen. Wir waren auch mal mit ihr zum Grünkohlessen bei der SPD. Sie ist damals wegen Willy Brandt in die Partei eingetreten und dann wegen Helmut Schmidt geblieben. Erstaunlich und faszinierend, wie hellwach sie auch politisch immer noch ist." Tatsächlich nimmt sie dem früheren Hamburger Bürgermeister Ole von Beust übel, dass er am selben Tag wie sie Geburtstag hat – weil er das Ansehen der Hansestadt mit einem Innensenator Ronald Schill beschmutzte. „Und haben Sie gesehen, was für einen eckigen Gang dieser von Beust hat? Fürchterlich!" Ja, Ruth Rupp kann sehr direkt werden.

Aber so scharf sie sich abgrenzt von Leuten, die ihr widerstreben, so liebevoll wendet sie sich denen zu, die sie brauchen. Immer wieder in ihrem langen Leben öffnete Ruth Rupp Räume, in denen geliebte Menschen wachsen und sich entwickeln konnten. Jakob Herrmann, dem gelähmten Virtuosen am Flügel, widmete sie viele Jahre, um ihm einen Rahmen für seine Kunst zu geben. Gregor begleitete sie in einer Zeit, in der er seine Homosexualität entdeckte. Den beiden kleinen Mädchen Dagmar und Karin schuf sie Inseln der Geborgenheit inmitten zerbrechender Familien. Bei Harm war sie selbst angekommen in einer wunderbaren Liebe, die durch seinen frühen Tod mit 37 Jahren jäh beendet wurde. Und dann war es die Mutter, die sie acht Jahre hingebungsvoll pflegte. Wie wir Stärke gewinnen können und Glück erleben, gerade in der Hingabe an Herausforderungen, die unüberwindbar scheinen: Ruth Rupp hat es vorgelebt.

In neun Jahrzehnten Lebenszeit gab es unendlich viele Möglichkeiten, andere Entscheidungen zu treffen als die, die es tatsächlich waren, an Scheidewegen den anderen Abzweig zu nehmen. Und dann wäre es auf einmal ein völlig anderes Leben gewesen. Heute aber, im wahrhaft hohen Alter, bleibt nur die Rückschau. Und wir sehen eine Frau, die mit sich im Reinen ist. Immer mal wieder in unseren vielen Gesprächen gibt es Momente dieses „Was wäre gewesen, wenn ...", und dann ist sie voller Verve. „Natürlich hätte ich heiraten und Kinder bekommen können, ein typisches Leben haben wie viele Millionen Frauen meiner Generation – aber was hätte ich alles verpasst?!" Auch das ist prägend für Ruth Rupp: Sie hadert nicht. Das Alter kann eine Zeit der Ernte sein, und sie erntet. Über viele Jahrzehnte hat sie ihre Freundschaften gepflegt. Die zu Fritz Pohl seit 1935, zuerst per Brief, heute per Telefon. Immer im Mai ist Treffen der Abschlussklasse der Oberschule für Mädchen in Bremen-Vegesack. Zuletzt waren die alten Damen immerhin noch zu siebt. Und wenn Ruth Rupp mal krank ist, kaufen die Nachbarn, die sie seit etlichen Jahren kennt, für sie ein.

Wundersame Fügungen halfen dabei, eine Frau, die nie verheiratet war und keine Kinder bekommen hat, einzubetten in eine verlässliche Gemeinschaft. Karin Falk, der sie mit ihrer Liebe einst die Stärke für ein ganzes Leben gab, spürte sie nach 49 Jahren wieder auf, weil sie das Gemälde ihrer Kinderfrau im Internet entdeckte. Sie erzählt, wie Ruth Rupp sie Ulrich Tukur vorstellte: „Hier, das ist meine Tochter." Er: „Wie, du hast ein Kind?" Sie: „Ja, das ist ein Kind, das ich geschenkt bekommen habe." Das Kind, heute 62, sagt voller Wärme: „Das hat mich sehr berührt. Es zeigt, welchen Stellenwert wir füreinander haben."

Der Spannungsbogen eines Lebens reicht vom Gemälde einer Künstlerin in hohem Alter zurück zur Kinderfrau – und noch weiter: zu jenen Tagen im Jahr 1947, als eine von Nationalsozialismus und Krieg ausgezehrte junge Frau neben einem Pianisten, den dieser Krieg seiner großen Karriere beraubt hatte, sitzt und wie in Trance die letzten drei Beethoven-Sonaten hört. Es war ihre Erweckung, wie sie heute sagt: „Ein unglaublich starkes Erlebnis. Ich bin wach geworden und wusste auf einmal: Ich bin ICH." Was da geschah, dafür findet Ulrich Tukur die richtigen Worte. „Das Leben treibt so seltsam wesenlos an uns vorbei. Nur wenn wir eine Form dafür finden, eine Sinfonie, ein Lied, ein Gemälde, ein Gedicht, ein Theaterstück – nur dann haben wir die Möglichkeit, das Leben ein wenig besser zu verstehen, seine Essenz in eine schöne Form zu fassen. Wenn uns das gelingt, ist es ein tiefes spirituelles Erlebnis."

Ein Erlebnis, das Ruth Rupp fast 60 Jahre später auf die Bühne führt, an den Ort ihrer Bestimmung. Musik und Theater, das ist ihr Zuhause. „Es geht darum, die Menschen zu berühren", sagt sie, „und das kann ich. Ich habe es gleich bei meinem ersten Auftritt in der ‚Dreigroschenoper' gemerkt, nach so vielen Jahren." Die Ovationen nach ihren Auftritten genießt sie sichtlich. „Sie ist eben auch eine Schauspielerin", sagt Ulrich Tukur. „Bei den Künstlern wird sie wieder zu einer jungen Frau", freut sich Karin Falk. „Das ist ihre ganz persönliche Welt, und die kann sie umarmen. Sie ist frech, kokett, ein bisschen herausfordernd. Sie liebt diese Welt."

Ruth Rupp hat ihre Aufgaben angenommen und durchgestanden – und über die Musik und das Theater zu sich selbst gefunden. Dicht beieinander liegen glückliche Momente und wuchtige Schicksalsschläge. Die schönen Geschichten erzählt sie fröhlich und detailreich, bei den traurigen hält sie sich nicht lange auf. Auch so formt sich Erinnerung. Sie sagt: „Wenn ich vorher gewusst hätte, was auf mich zukommt, hätte ich behauptet: Das schaffst du nicht. Dann habe ich's aber doch geschafft. Und es hatte alles seinen Sinn. Ich würde es genauso wieder machen." Ruhe strahlt sie aus und Klarheit. Aufrecht wie immer sitzt sie da, das Wippen mit dem Bein hat aufgehört.

Wie alt sie eigentlich werden möchte, frage ich. Die lakonische Antwort: „Darüber mache ich mir keine Gedanken. Meine Tante Else wollte unbedingt 100 werden, und dann ist sie doch mit 88 Jahren gestorben. Das kann man nicht beeinflussen. Ich werd's ja merken."

Hamburg, im Juni 2017

DANKSAGUNG

Dieses Buch zu schreiben, war eine wunderbare Erfahrung. Mein Dank dafür gilt ganz besonders Ruth Rupp. Viele Stunden, zumeist dienstags von 11 bis etwa 13 Uhr, erzählte sie mir aus ihrem Leben, öffnete sich immer mehr und beantwortete meine Fragen geduldig. Und dann hörte sie zu, wie ich ihr das Leben, das ihres ist, vorlas. Das war ein schönes Ritual, und wir bedauerten es beide, als wir schließlich beim Epilog angekommen waren. Ich bin voller Dank für ihr Vertrauen, das sie mir entgegenbrachte und sich auch darin zeigte, dass sie mir einzigartige Briefe, Fotos und Dokumente mitgab, damit ich sie auswerten konnte. Und dass sie mir den Zugang zu Freundinnen und Weggefährten öffnete, wichtigen Menschen, die mehr über ihr Leben erzählen konnten. Die Gespräche, die sich anschlossen, waren das nächste Geschenk – berührend, faszinierend und immer wieder sehr lustig. Denn ein „good sense of humor", wie die Engländer sagen, eint alle, die Ruth Rupp eng verbunden sind. Ich nenne sie in alphabetischer Reihenfolge, eine hierarchische wäre vollkommen unangemessen: Karin Falk, die mit großem Engagement auch an der Auswahl der Fotos beteiligt war, Manfred Jürgens, dessen beeindruckende

Fotos und Gemälde ich zudem nutzen darf – eines davon ist das Titelmotiv –, Bärbel Koppe, Fritz Pohl, Astrid Rossa und Ulrich Tukur, der außerdem das wunderbare Vorwort beisteuerte. Dank auch an Katharina John für das Foto von Ruth Rupp im Kostüm der "Dreigroschenoper". Wer solche Menschen seine Freunde nennt, hat im Leben vieles richtig gemacht. Bedanken möchte ich mich zudem bei Katharina Harde-Tinnefeld für ihr sorgsames Lektorat, bei Julika Droste für das schöne Layout – und bei meiner Frau Dorothea Rohde. Ohne ihre geduldige und liebevolle Unterstützung, gerade auch in künstlerischen Krisen, läge dieses Buch jetzt nicht vor.